CRIMINALITÉ

ET

RÉPRESSION

ESSAI DE SCIENCE PÉNALE

PAR

ADOLPHE PRINS
Inspecteur général des prisons du royaume
Professeur de droit pénal à l'université de Bruxelles

BRUXELLES
LIBRAIRIE EUROPÉENNE C. MUQUARDT
MERZBACH ET FALK, ÉDITEURS
LIBRAIRES DU ROI ET DU COMTE DE FLANDRE
18-20-22, RUE DES PAROISSIENS
MÊME MAISON A LEIPZIG

1886

CRIMINALITÉ

ET

RÉPRESSION

PUBLICATIONS JURIDIQUES DU MÊME AUTEUR

Instruction criminelle. Réforme de l'instruction préparatoire en Belgique (en collaboration avec M. Pergameni). Bruxelles, 1871 . . . . fr. 5 00

Des droits de souveraineté de l'État sur l'Église en Belgique, étude de droit public. In-8°, 1874 . . . . . 2 00

De l'appel dans l'organisation judiciaire répressive, étude historique et critique. Bruxelles, 1875. . . . 3 00

Le jury moderne et l'organisation judiciaire. In-8°, 1877. 1 00

Résumé du cours de droit pénal. Bruxelles, 1878 . . . 5 00

Étude comparative sur la procédure pénale à Londres et en Belgique, rapport à M. le Ministre de la justice. In-8°, 1879 . . . . 2 50

La philosophie du droit et l'école historique. Bruxelles, 1882 . . . . 1.00

La démocratie et le régime parlementaire, étude de droit public. In-8°, 1884 . . . . 4 00

CRIMINALITÉ

ET

RÉPRESSION

ESSAI DE SCIENCE PÉNALE

PAR

ADOLPHE PRINS
Inspecteur général des prisons du royaume
Professeur de droit pénal à l'université de Bruxelles

BRUXELLES
LIBRAIRIE EUROPÉENNE C. MUQUARDT
MERZBACH ET FALK, ÉDITEURS
LIBRAIRES DU ROI ET DU COMTE DE FLANDRE
18-20-22, RUE DES PAROISSIENS
MÊME MAISON A LEIPZIG

1886

BRUXELLES
P. WEISSENBRUCH, IMP. DU ROI
45, RUE DU POINÇON

Ce travail est, comme le titre l'indique, une étude scientifique. Je n'ai pas la prétention de faire un livre de pratique et d'expérience. Mon but est plus modeste; je désire simplement attirer l'attention du législateur sur de grandes questions qui, jadis au premier plan des préoccupations publiques, sont aujourd'hui malheureusement trop dédaignées.

Bruxelles, le 10 octobre 1885.

TABLE DES MATIÈRES

CHAPITRE PREMIER.

CHAPITRE II.

CHAPITRE III.

CHAPITRE IV.

CHAPITRE V.

CHAPITRE VI.

CHAPITRE PREMIER.

De la criminalité en général. — Des classes criminelles. Des délinquants d'accident et des délinquants de profession.

Malgré les études considérables et les efforts généreux de tant d'hommes dévoués au bien public, le problème de la criminalité se dresse encore, à la fin du XIXe siècle, aussi obscur et troublé qu'il l'était au début. Les gouvernements d'Europe jettent annuellement des milliers d'individus au fond des prisons. L'Angleterre, la France, la Russie consacrent à elles seules 100 millions de francs à la répression [1]. La petite Belgique, rien que pour les prisons, a un budget de près de trois millions. Et pourtant les statistiques signalent la progression de la récidive [2]. Les spécialistes les plus compétents, sir James Fitz-James Stephen [3], en Angleterre,

(1) *Revue positive*, novembre-décembre 1880, p. 392.
(2) VON OETTINGEN, *Moralstatistik*, p. 464. Erlangen, 1882.
(3) STEPHEN, *History of the criminal law*, vol. II, p. 92.

Beltrani Scalia (1), en Italie, d'Haussonville (2), en France, von Oettingen (3), en Allemagne, Wahlberg (4), en Autriche, déplorent la persistance et l'accroissement de la criminalité.

La science pénale et les gouvernements, avec la noble ambition d'amender les coupables, accumulent les peines et prodiguent les sacrifices d'argent sans restreindre le chiffre des délits ni affaiblir la récidive. Si les résultats sont décourageants, c'est que nous vivons dans la fiction. Bien loin de scruter les replis du monde réel, la justice s'isole sur les sommets de l'abstraction. Elle méconnaît la tragique grandeur de l'humanité qui s'agite devant elle, et, semblable à la Thémis de l'ancienne mythologie, elle conserve un bandeau sur les yeux. Elle se détourne de la vie ; la vie s'éloigne d'elle. Elle devient insensiblement une sorte de formalisme, atteignant la surface des choses sans en pénétrer l'essence.

(1) Beltrani Scalia, *Riforma penitenziaria in Italia,* p. 56 et suiv.

(2) D'Haussonville, *Enquête parlementaire*, vol. VI, p. 28.

(3) Von Oettingen, *ibid.*

(4) Wahlberg, *Das Maas und der mittlere Mensch im Strafrecht*, dans la *Zeitschrift für das Privat- und öffentliche Recht*, vol. V, liv. III, p. 477.

Dans les sciences exactes, on a longtemps considéré les phénomènes de l'univers comme des miracles sans lien entre eux; l'homme ne s'est élevé à une idée plus haute, il n'a pu tirer parti des ressources que la nature lui prodigue et en admirer l'ordre grandiose qu'en acquérant la notion de l'enchaînement et de l'unité des forces physiques.

Dans les sciences morales, il en est de même; l'homme manquait de vues d'ensemble, il croyait à la confusion et au chaos, là où règnent la régularité et la loi. Mais dans ce domaine aussi, il a retrouvé l'enchaînement et l'unité des forces, il a compris que la solidarité et le travail jouent dans l'humanité le rôle de la chaleur et du mouvement dans l'univers, et ces idées si grandes ont une influence énorme sur l'étude de la criminalité.

Il n'y a relativement que peu de temps que Quetelet, dans ses célèbres aperçus de physique sociale [1], Guerry, dans ses travaux de statistique [2], récemment encore von Oettingen,

(1) Quetelet, *Essai de physique sociale*, vol. III. Bruxelles. 1869.

(2) Guerry, *Essai sur la statistique morale de la France*. 1834.

dans son grand ouvrage de statistique morale[1], et les disciples de ces savants éminents ont fait ressortir la constance des tendances et des penchants de l'homme et la vaste portée sociale de la loi des grands nombres. « Les chiffres gouvernent le monde, » disait Gœthe. De nos jours, les savants, qu'ils appartiennent à l'orthodoxie ou à la libre-pensée, reconnaissent qu'il y a une mécanique sociale.

L'humanité est un organisme géant, dont les rouages fonctionnent avec une harmonie merveilleuse. A travers l'incessant tourbillon des atomes, elle laisse entrevoir la majesté sereine de l'ordre et de la loi.

La naissance et la mort, le mouvement de la population, la proportion des sexes, la moyenne des enfants légitimes et naturels et des enfants trouvés, les actes qui semblent le plus dépendre de la volonté libre, tels que les mariages et les divorces, rien de tout cela ne paraît livré au hasard; partout, sous la mobilité inouïe des faits, se révèle la loi permanente des nombres.

La criminalité a la même apparence; sous

(1) VON OETTINGEN, livre cité.

l'inextricable enchevêtrement des infractions, on démêle la loi de la criminalité. Il n'existe pas un type abstrait de l'homme moral et un type abstrait du coupable; le crime n'est pas un phénomène individuel, mais un phénomène social. La criminalité sort des éléments mêmes de l'humanité; elle n'est pas transcendante, mais immanente; on peut voir en elle une sorte de dégénérescence de l'organisme social.

Que serait, d'ailleurs, la molécule séparée de la matière et suspendue dans le néant, sinon une petite poussière sans direction? Que serait l'individu pris en dehors des conditions de la vie, que seraient ses oscillations entre le bien et le mal, sinon le bizarre caprice et l'ironie d'un destin fantasque?

Heureusement, il n'en est rien. L'homme appartient à l'humanité comme l'atome à la matière; le délinquant et l'honnête homme se rattachent l'un et l'autre à leur milieu. Il y a un milieu social favorable à la santé morale : le penchant au crime y est presque nul; il y a un milieu social où l'atmosphère est corrompue, où les éléments malsains s'amoncellent, où les plus vigoureux dépérissent, où la criminalité s'abat comme la moisissure sur le fumier : le penchant au crime y est formidable, et l'on peut dire en ce sens qu'il est un fait social avec une cause sociale et qu'il est en connexion intime avec une organisation sociale donnée.

Considérons un instant notre époque : un siècle de progrès et de raffinement est un siècle de vices ; la complication croissante de notre mécanisme crée, avec des tentations nouvelles, de nouvelles occasions de chutes. Le char de la civilisation, semblable à celui du dieu Djagger-Nath, écrase beaucoup de ceux qui se précipitent sous ses roues. Le monde a des appétits énormes qu'il ne peut satisfaire : la sensualité, l'avidité au gain, le goût et la facilité des spéculations ; le contraste entre la grande richesse et l'extrême pauvreté ; les nécessités brutales du combat pour la vie en face de la concentration de la propriété et du capital ; les défectuosités de l'organisation industrielle, qui abandonne le prolétariat au hasard, qui ne surveille pas l'apprentissage et laisse l'enfant de l'ouvrier aux excitations de la rue et à la promiscuité de l'atelier, qui, enfin, aiguise partout les instincts obscurs de l'animalité, tout cela retentit sur la criminalité avec une certitude déplorable. Combien on aurait tort, dans une pareille mêlée, d'opposer simplement le délinquant à l'honnête homme! Ce sont deux états sociaux qui s'opposent l'un à l'autre : l'un est fondé sur l'aisance, la sociabilité, la protection réciproque, le travail utile et l'épargne; l'autre, sur la misère, l'isolement, l'égoïsme, le travail improductif. Et dans les grandes agglomérations urbaines le paupérisme, la mendicité et le vagabondage, la paresse, l'esprit d'aventures, la prostitution, l'éparpillement des forces, tout, enfin, concourt naturellement à développer l'anémie sociale.

Prenez n'importe quelle région pauvre, inculte, sauvage, et toujours vous trouverez dans les grandes villes, Londres ou Paris, New-York ou San Francisco, un milieu inférieur au premier, quelque chose de plus dépravé. C'est ici, dans les bas-fonds où jamais ne pénètre une lueur de bien-être physique ou moral, que vivent les déshérités. Ils entrevoient l'éclat du luxe pour le haïr; ils ne respectent ni la propriété ni la vie, parce que ni la vie ni la propriété n'ont pour eux de valeur réelle; ils naissent, s'étiolent, luttent et meurent sans soupçonner que, pour certaines gens, l'existence est un bonheur, la propriété un droit, la vertu une habitude et le calme un état constant. Tel est le foyer naturel et fatal de la criminalité.

Dans un quartier soumis à une détestable hygiène, bâti sur un sol marécageux, privé de canalisation et d'eau potable, sillonné de rues étroites et sales, couvert de masures sans air ni lumière, où végète une population atrophiée, les épidémies sont inévitables et se propagent avec une grande intensité. De même, le crime trouve une proie facile et certaine au milieu des misérables d'une capitale. Les enfants naturels et abandonnés, les enfants des repris de justice et des prostituées, les vagabonds, etc., sont autant de recrues désignées. Sans famille, sans traditions, sans domicile fixe, sans occupations sédentaires, sans relations avec les classes dirigeantes, quoi d'étonnant à ce qu'ils n'éprouvent que le besoin physique, à ce qu'ils n'aient d'autre mobile que l'égoïsme à outrance, à ce qu'ils ne connaissent d'autre activité qu'une activité intéressée et passagère pour la satisfaction immédiate de leurs appétits matériels! L'émigration des campagnes vers les villes accroît encore cette armée et augmente les chances de criminalité. Quand les fils des paysans quittent la charrue pour l'atelier et viennent chercher fortune dans la fournaise des grandes villes, ils obéissent à l'esprit d'aventure; il leur faut à tout prix un gagne-pain, et comme la concurrence est ardente et que les tentations surgissent à chaque pas, les prisons profitent de cet excédent que la campagne donne à la ville. Une autre conséquence, c'est que l'immigration rurale fait déborder la population; la place manque et le salaire descend au-dessous du nécessaire. Ducpétiaux montrait, en 1856, que le budget de l'ouvrier des grandes villes est inférieur même à la somme qui représente le budget de l'ouvrier des prisons. Cette situation n'a pas changé, et les classes laborieuses, mal logées, mal nourries, végètent à la merci des crises économiques. L'ouvrier est toujours sur la limite du vagabondage; le vagabond est toujours sur la limite du crime. Le prolétariat entier est ainsi exposé en première ligne et, qu'il s'agisse de la maladie ou du crime, c'est lui qui succombe le premier.

Sous le vernis de leur luxe, les villes dissimulent donc les hontes, les souffrances sociales; elles étalent à la fois « la parure et la fange » de la civilisation. Elles possèdent l'élite et la quintessence de l'esprit humain; elles possèdent aussi les êtres disposés à répondre aux excitations mauvaises et sensibles aux moindres vibrations du dehors (1).

Cela ne veut pas dire qu'il faille opposer les campagnes aux villes comme des foyers d'innocence à des foyers de corruption. Les campagnes ont leur tradition de brutalité et de violence et leur genre de criminalité. En Belgique, la statistique des Flandres le démontre suffisamment. Toutefois, Adam Smith, dans la *Richesse des nations*, expliquait bien pourquoi l'habitant des campagnes a tort de quitter la maison paternelle : « Tant qu'un homme de basse condition, dit-il, demeure à la campagne, on peut avoir les yeux sur lui, et il doit s'observer. Il a une réputation à ménager. Mais sitôt qu'il vient dans une grande ville, il est plongé dans l'obscurité la plus profonde, il ne veille plus sur lui-même et s'abandonne au vice et à la débauche (2). »

On n'a malheureusement pas suivi les con-

(1) FOUILLÉE, *Revue des Deux Mondes*, septembre 1884. Les campagnes ont 8 accusés par an sur 100,000 habitants; les villes en ont 16.

(2) ADAM SMITH, *Richesse des nations*, t. I, p. 458.

seils d'Adam Smith, et les gouvernements ont, au contraire, montré la plus grande imprévoyance en négligeant les campagnes pour les villes, en laissant le capital se développer au détriment de la terre et le mouvement industriel se porter vers les villes au détriment de l'agriculture.

Aujourd'hui, les résultats de cette incurie sont évidents ; l'excès de prospérité est tari ; les choses sont rentrées dans leur état normal, et nous voyons, à côté de l'abandon des populations rurales, le mécontentement de l'ouvrier des villes ; de là un état général de gêne et de malaise ; de là, dans les classes inférieures, une sourde inquiétude et un levain de révolte qui peut devenir la source des plus grands dangers.

Telles sont les conditions de développement des classes criminelles, c'est-à-dire des classes où l'on rencontre le penchant au crime. Et, il importe de le remarquer, on peut, au regard de la justice répressive, déterminer leur caractère légal : ce sont les vagabonds et les délinquants de profession. Ils s'opposent nettement aux vagabonds et aux délinquants d'accident. Cette distinction, que la statistique moderne a mise en relief, est désormais la base de la science pénale, et le juge ne peut plus s'en passer [1].

Les délinquants d'occasion constituent la minorité; leur vie est régulière, leurs instincts sont droits; une passion soudaine, un emportement irréfléchi, un affaissement passager de la volonté, les entraîne au crime; une sorte de fièvre les a dominés et, l'accès passé, la vie normale reprend son cours.

Au contraire, les délinquants de profession, qui forment la grande majorité de la population des prisons, sont véritablement la classe criminelle. Ce sont les endurcis, les incorrigibles, les récidivistes. C'est, à côté de la société régulière, la « grande tribu rebelle », où viennent se confondre la misère, l'ignorance, l'alcoolisme, le vice, la paresse, la prostitution. Les soldats de cette armée n'obéissent point à un désir momentané, mais à une tendance permanente. Ils ne commettent pas toujours le crime pour le crime, mais l'incident le plus futile les pousse à le commettre; ils profitent de toute occasion, et l'on peut dire que, de même que dans cer-

[1] WAHLBERG, *Das Mass und der mittlere Mensch im Strafrecht. Zeitschrift für das Privat- und öffentliche Recht der Gegenwart*, vol. V. Vienne, 1878.

tains groupes la vertu est un acte réflexe, de même chez eux le crime devient un acte réflexe. Bien plus, ils ont, tout comme le monde civilisé, une opinion publique qui les soutient, qui les excite, leur donne leur genre de popularité et constitue, en un mot, un aiguillon pour les héros du vice, de même qu'elle encourage les soldats du devoir.

Ce qui est vrai quand on considère ainsi l'ensemble de la société, est également vrai quand on prend l'individu comme tel.

Dans chaque infraction, il y a, à côté du facteur accidentel, c'est-à-dire de l'âge, du caractère, du tempérament, en un mot, des dispositions personnelles, le facteur collectif ou social, c'est-à-dire le milieu, les circonstances permanentes, les lois générales. Chez le délinquant d'occasion, le facteur individuel prédomine, c'est surtout l'homme qui apparaît. Chez le délinquant d'habitude, c'est le facteur social, c'est la collectivité qui entre en scène.

Dans les classes aisées, instruites, policées, qui n'ont manqué de rien, qui ont dès le berceau profité de toutes les influences civilisatrices, la faute est surtout personnelle, et elle est l'exception. Dans les couches profondes, quand tout a fait défaut, quand pour combattre le mal l'homme n'a ni dans le présent la protection sociale, ni dans le passé des générations d'ancêtres qui ont joui de la puissance, de la richesse et des lumières, la faute est la règle, elle est surtout collective. En ce sens donc, dans la criminalité, les forces collectives ont une action dominante; pour la combattre, il faut agir sur ces dernières, et le législateur ne trouve dans la loi qu'une arme émoussée s'il méconnaît cette vérité suprême : le caractère social de la criminalité.

CHAPITRE II.

I. La responsabilité et le droit de punir. — II. Le crime au point de vue de l'évolution historique. — III. La loi des grands nombres et la liberté individuelle.

I

Ces constatations ont remis au premier plan le difficile problème de la responsabilité.

Quand on affirme que les climats froids produisent plus de vols et les climats chauds plus de meurtres; que l'élévation du prix du blé, qui augmente les difficultés de la vie, accroît également le chiffre des attentats à la propriété, tandis que l'abaissement du prix du blé, en augmentant l'aisance, élève par contre-coup la moyenne des attentats aux mœurs; quand on distingue des groupes sociaux où le penchant au crime est irrésistible et d'autres où il est anéanti; quand on rattache la criminalité à des prédispositions héréditaires, à l'atavisme, aux conditions de l'organisation sociale, il semble au premier abord que nous fassions de l'homme le jouet inconscient de la destinée, que nous détruisions à jamais le principe de la responsabilité, et que nous enlevions par là même à la justice pénale toute base et toute raison d'être.

Quand, au contraire, on n'aperçoit dans les variations de la moralité humaine que des manifestations spontanées de l'esprit; quand, après le moyen âge livré à la démonologie et rattachant la criminalité aux inspirations du génie du mal, le XIXe siècle voit dans le crime et la vertu des entités métaphysiques, et dans la capacité théorique de choisir entre le bien et le mal la seule mesure de la responsabilité, la peine devient la clef de voûte des institutions publiques.

La vérité, c'est que la science moderne, ouvrant des horizons nouveaux, reprenant et développant l'œuvre de Kant, a déplacé l'axe de la moralité et de la responsabilité. Elle leur a donné comme pivot non plus la raison, mais la vie sociale elle-même, et loin de supprimer la responsabilité et la morale, elle en a fait ainsi quelque chose de plus tangible et de plus sacré à la fois. Elle déclare avec beaucoup de bon sens que pour juger l'homme il faut connaître l'homme, et elle poursuit une enquête sur les caractères physiques et moraux des criminels de profession.

L'école anthropologique retrouve parmi les délinquants d'habitude un être physique à part, un type de régression. D'après Maudsley, Lombroso, Bordier, Broca, ce type se distingue du reste de l'humanité par les conditions organiques du développement, par les caractères crâniologiques, la microcéphalie, l'anomalie des sutures, l'irrégularité dans la disposition des os wormiens, par la simplicité des circonvolutions du cerveau, par le prognatisme, une sensibilité moindre, en un mot, par des signes physiques le séparant du type normal et le rapprochant du type primitif.

L'école de médecine mentale se place sur un autre terrain. L'un de ses représentants les plus autorisés, M. le professeur Benedict, a fait connaître, au congrès tenu à Anvers au début du mois de septembre 1885, les tendances de cette école, et M. le professeur Heger, à son tour, les a exposées dans un remarquable rapport, lu à la Société d'anthropologie, le 5 octobre suivant [1]. Cette école a bien soin de repousser l'opinion qui assimile les criminels endurcis à des aliénés; mais elle trouve chez ces criminels incorrigibles « une étroitesse ou « faiblesse des qualités psychiques qui rompt « l'équilibre mental. M. Benedict donne à cet « état, distinct de la folie comme de l'état nor- « mal, le nom de *neurasthénie*. Cette neuras- « thénie est physique, alors elle constitue une « défectuosité congénitale ou un épuisement « prématuré des nerfs; ou bien elle est morale, « et elle constitue chez un individu de confor- « mation physique régulière une incapacité de « résister aux tentations mauvaises [2] ».

(1) Voir le rapport de M. le professeur Heger, dans le *Bulletin de la Société d'anthropologie*.

(2) Voici comment M. Benedict distingue le neurasthénique devenant criminel de l'homme en démence : chez le neurasthénique, il y a insuffisance des facteurs de résistance ou force disproportionnée des impulsions, tandis que, dans la démence, les facteurs de résistance manquent totalement, les impulsions deviennent par le fait même et immédiatement obligatoires pour l'individu.

La neurasthénie morale doit être également distinguée de la manie morale : la première est caractérisée par le défaut des facteurs de résistance, la seconde par l'impétuosité des excitations qui n'est pas contrebalancée par une force normale de résistance.

Les neurasthéniques devenus criminels se distinguent encore des aliénés en ce que tout ce qu'ils veulent et tout ce qu'ils

Je n'ai pas à aborder dans ce travail l'examen de théories spéciales qui ne sont pas de ma compétence. Je me borne à signaler le haut intérêt qu'elles offrent pour le monde judiciaire. Elles disent au juge que, pour exercer la justice, il ne suffit pas de proclamer simplement que l'homme est libre ; elles l'engagent à connaître non seulement les articles du code qu'il applique, mais l'organisation du coupable qu'il punit; non seulement la juris-

recherchent est à leur point de vue parfaitement rationnel. Ils veulent vivre et jouir de la vie; mais comment y arriver? Ennemis de tout effort, ils sont dans l'impossibilité d'atteindre ce double but par les moyens sociaux ordinaires, c'est-à-dire le travail. Ils ne sont pas des fous, car ils reconnaissent très bien que la société a besoin d'institutions préservatrices, nécessairement hostiles aux gens de leur espèce. Ils ont même de cette nécessité sociale un sentiment si profond qu'ils acceptent les mêmes règles entre eux et punissent même sévèrement leurs réfractaires.

La nature a mis dans ces neurasthéniques, comme partout, des nuances infinies. La neurasthénie peut passer inaperçue, rester à l'état latent, parce que la position sociale de l'individu lui offre les moyens de satisfaire ses goûts fâcheux. Dans d'autres cas, une éducation heureuse donnera aux facteurs de résistance existant dans le caractère une certaine force artificielle ou affaiblira les impulsions. A l'extrême opposé se trouveront les cas dans lesquels la neurasthénie confine à la démence. Les juges et le public se demanderont alors s'ils ont affaire oui ou non à un aliéné ; on pourra discuter et rester indécis, et le choix des termes paraîtra au public très important, tandis qu'en réalité il ne s'agira que de nuances dans une même opinion.

prudence du tribunal où il siège, mais les antécédents, la famille, la psychologie du délinquant; elles ont surtout leur influence sur la façon de concevoir les institutions répressives (1).

Ces études sont encore à leur début. On aurait

(1) « Aujourd'hui, dit M. Heger dans son rapport, un homme commet itérativement le même crime sans que la société, confiante dans ses procédés de répression, change vis-à-vis de lui sa manière d'agir. Consultez à cet égard les dossiers des récidivistes : voici un homme qui a commis trois fois, à quelques années d'intervalle, le crime d'incendie pour des motifs futiles ou même sans motif aucun. En l'examinant, on constate que c'est un pyromane, sorte d'épileptique à accès périodique; on admet qu'il agisse sans motif appréciable, mais on ne se préoccupe pas autrement de sa situation; le jour où sa peine est expirée, les portes de la prison s'ouvrent, non pour qu'il soit conduit dans un asile ou dans une colonie pénitentiaire, où il pourrait être l'objet d'une surveillance étroite, mais bien pour lui rendre la liberté. Tout le monde sait que cet homme recommencera quelque jour; on le désigne « comme un cheval de retour », mais on lui rend sa pleine liberté. Un autre est condamné pour viol, c'est la troisième ou quatrième fois que cela lui arrive; pendant qu'il subit sa peine, l'un de nous entre dans sa cellule et a la curiosité de lui demander si, redevenu libre, il recommencera : « Ce n'est pas de ma faute, répond-il cyniquement; quand cela me vient, il faut que je le fasse. » C'est en présence de plusieurs d'entre nous que cette réponse a été faite. Vous représentez-vous cet homme reprenant, sous la protection des lois, le cours de ses funestes exploits et recommençant une nouvelle série? C'est pourtant ce qui ne peut manquer d'arriver. Un médecin légiste me citait le cas d'un individu qui a commis plus de soixante attentats à la pudeur! »

tort d'en craindre ou d'en exagérer la portée. Bien comprises, vues sous leur vrai jour et dégagées d'esprit exclusif, elles peuvent donner au légiste une base plus large et plus solide :

Les délinquants de profession appartiennent aux classes inférieures; ils en ont les caractères, les instincts brutaux et violents, l'absence de sensibilité, et, en général, les indices d'une nature inculte. Ils appartiennent aux classes déshéritées; ils subissent toutes les conséquences de la misère : le rachitisme, l'alcoolisme, l'anémie physique et intellectuelle, le manque d'équilibre des facultés, les troubles cérébraux.

Mais la criminalité prise dans son ensemble n'est pas purement un fait anthropologique ou un fait mental, elle est un fait social. Le criminel de profession peut parfaitement, en un certain sens, être considéré, au sein de notre culture raffinée, comme le représentant de la civilisation inculte des premiers jours. Il ne faut pas restreindre cette affirmation à une thèse médicale ou anthropologique; il faut lui donner, au contraire, sa signification profonde et y voir la loi suprême de l'évolution historique.

Les hommes primitifs n'avaient évidemment la notion ni du droit, ni de la justice, ni de la morale; pour eux, les actes étaient bons ou mauvais, suivant qu'ils étaient conformes ou contraires à leur intérêt; ils glorifiaient et divinisaient la force et considéraient comme permis tout ce qu'ils avaient le pouvoir de faire. Les délinquants ne s'élèvent guère non plus au-dessus des vues les plus étroites et les plus égoïstes; ils ne possèdent pas davantage le sens du droit ou de la morale; ils estiment la force et méprisent la faiblesse. Ils sont donc aux antipodes de la civilisation moderne et s'approchent incontestablement de l'être sauvage. Ce sont bien les forces élémentaires et irréductibles qui rappellent, au milieu de l'ordre et de la légalité, la violence des âges lointains.

L'homme primitif vivait de chasse, de pêche, de pillages et d'attaques; il y avait équation entre ses instincts et ses besoins. Aujourd'hui, cette équation n'existe plus; l'individu n'obéissant qu'à des instincts matériels est en révolte contre l'idéal de la majorité et contre ceux qui ont défini cet idéal dans les lois : de là la criminalité et la répression.

Mettez en regard les chants anciens, les sagas

des Saxons, par exemple, et un code moderne, et vous avez les deux pôles de l'humanité. D'une part, la fougue intempérante, les élans désordonnés, l'âpre convoitise des masses barbares s'éveillant à la vie; d'autre part, les aspirations vers la stabilité et le calme; la prudence et l'étroite réglementation des peuples chargés d'ans.

Ceux-là glorifient tout ce que ceux-ci blâment et réprouvent. Le malfaiteur actuel, c'est le héros de nos vieilles épopées. On met aujourd'hui en cellule celui qui eût été le chef redouté et respecté d'un clan ou d'une tribu.

Plus nous nous rapprochons de l'origine de nos institutions, plus nous voyons triompher la loi de la survie des mieux doués et de l'élimination des faibles par les forts. Plus nous nous rapprochons de la période moderne, plus, au contraire, domine la loi de la protection des faibles contre les forts. Le riche le plus débile jouit en paix de ses richesses, et l'athlète qui veut les lui ravir est condamné à mort, tandis que jadis il eût savouré les joies de la victoire (1).

(1) Voir la brochure LAVELEYE et SPENCER, *L'État et l'individu*, p. 10. Florence, 1885.

Les mœurs se sont adoucies, la vie est assurée, la propriété est garantie; et en admettant même qu'il y ait parmi nous un type du barbare et un type du civilisé, encore faudrait-il reconnaître la puissance d'une civilisation qui a su dans le passé modifier à la fois le type et les instincts, et l'emporter de plus en plus sur la criminalité.

A cet égard, les progrès se manifestent tous les jours d'une façon frappante : l'univers est soumis à l'évolution; depuis la nébuleuse qui se résout en étoiles, depuis la planète en fusion qui se résout en rochers, en océans, en monts, en plaines, jusqu'aux groupements embryonnaires qui sont devenus nos sociétés compliquées, jusqu'aux sons confus d'où est sortie la variété des dialectes, tout passe du chaos à la régularité; la criminalité a subi la même loi de progrès et de différenciation. Les sociétés naissantes offrent la confusion tumultueuse de toutes les choses humaines : au milieu du déchaînement des passions, du choc des appétits et des intérêts, la notion du délit n'existe même pas. Aujourd'hui, non seulement la criminalité s'est détachée de cette masse informe de sentiments, d'idées et de désirs, mais elle s'est localisée et il y a des classes criminelles. La civilisation a encore obtenu un autre résultat, d'une portée immense. La criminalité était répandue dans tout le corps social; Grégoire de Tours nous décrit une société livrée tout entière à la violence et à la fraude, et, pendant la féodalité, les classes les plus élevées y recouraient; les rois, les princes, les évêques, les nobles obéissaient sans frein à leurs instincts; à une époque bien rapprochée, sous Louis XIV, les grands jours d'Auvergne témoignent encore de la brutalité des puissants. Aujourd'hui, la criminalité descend de plus en plus; elle est reléguée dans les bas-fonds sociaux, elle se cache et agit dans l'ombre; et ainsi réduite, elle est bien l'empreinte des siècles barbares, le souvenir de nos premiers jours, elle est bien la tradition vivante qui nous rappelle à chaque instant les efforts de l'humanité pour s'élever vers l'idéal.

De même que dans la langue la plus libre le philologue retrouve des mots rappelant les premiers bégaiements des hommes, de même que dans le corps le plus parfait l'anatomiste retrouve des organes qui ont survécu aux fonctions et sont là pour rappeler l'hérédité, de même enfin que l'ethnographe retrouve encore aujourd'hui des peuplades comme celles du Soudan, qui honorent le vol et le meurtre, de même, au milieu de toutes les élégances d'une société cultivée, lé penseur retrouve au bas de l'échelle sociale, chez les déshérités, l'instinct sauvage, sanguinaire, indompté des premiers jours; et il n'oublie jamais que si beaucoup a déjà été fait, il reste encore plus à faire, et que « la douleur est, comme le dit Jhering, le grand levier du progrès social (1) ».

II

Je viens de montrer qu'en prenant l'humanité dans son ensemble, la constatation du penchant au crime ne détruit ni la notion du progrès ni celle de la liberté.

Il importe de montrer aussi que cette constatation, quand on considère l'individu, ne supprime ni la responsabilité ni le droit pénal. Il suffit de se rappeler encore une fois que le malfaiteur appartient à l'humanité et est soumis aux conditions générales de son développement.

Tout homme, obscur ou illustre, a en lui un élément de liberté et un élément de nécessité.

(1) JHERING, *Der Zweck im Recht*, t. II, p. 164. Leipzig, 1883.

Il tient de la liberté son individualité propre, ce quelque chose de mystérieux qui constitue sa personnalité. Il tient de la tradition l'empreinte qu'il reçoit de sa famille, de son milieu, de sa race et de son époque (1).

Le grand génie, tout en planant au-dessus du vulgaire dans la plénitude de sa libre intelligence, dépend cependant des générations présentes ou passées, et subit la culture de son siècle, qui est lui-même le résumé des siècles écoulés.

Que de douleurs, que de luttes, que d'efforts ignorés, que de pensées, de travaux, d'héroïsme, de défaites et de victoires il a fallu aux nations pour produire le cerveau d'un Corneille, d'un Shakespeare, d'un Dante, d'un Newton, etc. !

« Le meilleur de ce que nous croyons inventer, dit Jhering, et que nous appelons notre bien, flotte dans l'air ambiant; c'est un fruit mûr sur l'arbre du temps; nous le cueillons, nous ne le produisons pas (2). »

« Le grand homme, dit à son tour Spencer, dépend des antécédents sociaux, et sans les

(1) RIBOT, *De l'hérédité*. Paris, 1873.

(2) JHERING, *Der Zweck im Recht*, livre cité.

éléments intellectuels et matériels que les siècles passés apportent à son temps, il serait impuissant. »

Cette force impersonnelle, ce « génie silencieux des masses collectives », agit non seulement sur l'élite de l'humanité, mais sur le rebut; non seulement sur les grandioses manifestations de la pensée, mais sur le crime. Un grand penseur est le produit d'une accumulation de siècles de civilisation; les classes criminelles sont la résultante d'une accumulation de siècles de barbarie et de violence; qu'il s'agisse de l'épanouissement de la beauté morale ou de la laideur morale, le problème est le même.

Rien n'empêche donc la société d'exercer le droit de punir.

La pensée que l'artiste grec, le jurisconsulte romain, l'écrivain français, le parlementaire anglais, doivent quelque chose à l'hérédité, n'a jamais détourné d'eux la gloire et les récompenses; la pensée que le criminel subit l'action des choses extérieures ne doit pas écarter de lui le glaive de la justice.

Personne ne nous dira, il est vrai, si le dernier mot de l'univers est mécanisme ou force morale, déterminisme ou liberté, ces questions sont du domaine de l'inconnaissable; toutefois, le déterministe le plus convaincu peut admettre le droit de punir. Supposons que le monde soit un pur mécanisme, que tous les mouvements y soient prévus et réglés d'avance, il y aurait néanmoins, dans cette gigantesque machine, des individus utiles et d'autres dangereux, et il faudrait prendre des mesures contre ces derniers. Le philosophe le plus convaincu ne se laissera pas égorger par un tigre affamé, sous prétexte que ce dernier obéit à un instinct fatal; à plus forte raison ne restera-t-il pas désarmé contre le criminel, fût-il un type de régression ou de neurasthénie. S'il y a une catégorie d'hommes que l'instinct pousse à la lutte contre la société, celle-ci n'en a pas moins le devoir de défendre ses conquêtes les plus précieuses, elle réagit contre la foudre par le paratonnerre, elle peut réagir contre la criminalité, et la lutte qu'elle entreprend contre les criminels est parfaitement légitime.

L'expression de cette lutte pour l'ordre public, c'est le Code pénal, avec les juges et la force publique. Il y a, à cet égard, à rappeler une remarque très importante de Jhering : « En appréciant la lutte pour le droit, on ne doit pas seulement avoir en vue les combattants, mais aussi les autres. » A côté des êtres qui obéissent au penchant au crime et de ceux qui y résistent, il y a la masse flottante des indécis. Les circonstances les plus variées et les mobiles les moins puissants en apparence peuvent les retenir ou les pousser en avant : la seule pensée qu'il y a un droit pénal, c'est-à-dire que la société est armée contre eux, les tient parfois en respect. Le droit pénal ne fût-il donc qu'un frein pour les hésitants, qu'il serait encore un rouage social d'une valeur immense et que sa disparition laisserait dans notre organisation un vide énorme que rien ne saurait combler.

Il s'en faut de beaucoup, d'ailleurs, que l'hypothèse du déterminisme s'impose au criminaliste et que, sous l'aspect où il lui est donné de voir l'humanité, elle lui apparaisse comme un pur mécanisme.

Pourquoi, actuellement, les résultats de la statistique, de la sociologie, de l'histoire semblent-ils anéantir la causalité humaine?

Parce que les statisticiens, en étudiant les masses et en établissant leurs moyennes sur celles-ci, éliminent les influences individuelles. C'est comme si l'on concluait de la régularité des marées à la régularité de toutes les vagues qui déferlent sur le rivage.

L'être humain est soumis à des lois générales, mais dans les limites de ces lois, qui sont les conditions de la vie universelle, il conserve une liberté relative, qui suffit à sauvegarder le principe de la responsabilité individuelle.

La constance et la régularité dans le chiffre de la criminalité, c'est la loi suprême des grands nombres, et non la loi suprême des individualités.

Quand on distingue un groupe chez lequel le penchant au crime est certain, un autre chez lequel il est douteux, et un troisième chez lequel il est nul, ce sont des divisions approximatives pour les masses. Un individu du premier groupe peut ne jamais faillir. « La vie, le malheur, l'isolement, l'abandon, la pauvreté, dit Victor Hugo, sont des champs de bataille qui ont leurs héros, héros obscurs, plus grands parfois que les illustres. » Un individu du dernier groupe peut se conduire comme un misérable et commettre un crime atroce. C'est dire, en un mot, que, vu de près, l'individu conserve une liberté qu'aperçu de loin et noyé dans la foule il semble avoir perdue.

C'est un effet d'optique semblable à celui qu'on éprouve sur une hauteur, en regardant à ses pieds. Quand j'arrive en Ardenne, sur le sommet des fagnes, et que je regarde dans la plaine une route plantée d'arbres, tous me paraissent identiques et je puis, au moyen de quelques lignes simples, reproduire le tracé de cette route vue à distance. Mais que je redescende et que je me place sur la route, je constaterai l'infinie variété des différences : pas un arbre n'est exactement le même que son voisin.

A distance et vues de haut, les grandes agglomérations ont aussi leurs caractères généraux; les détails se perdent et l'on trace sans peine le schéma de la criminalité; seulement, que l'on se rapproche, et les individus apparaissent dans la multiplicité des combinaisons et des variétés possibles; cette variété, c'est la liberté relative qui augmente ou diminue suivant que l'on monte ou que l'on descend les échelons de l'humanité, et elle suffit à produire toutes les manifestations dont la vie sociale nous offre l'incessant spectacle.

L'individu, en ce sens restreint, reste libre, même quand il nous paraît esclave. Les condamnés à mort qui marchent à l'échafaud sont tous uniformément soumis à la loi. Suivons-les dans le trajet de la prison à la guillotine : les uns iront librement et sans résistance ; les autres se débattront et lutteront jusque sous le couperet ; d'autres encore se laisseront traîner sur la plate-forme fatale en n'opposant que la force d'inertie [1]. Il leur reste donc, même dans cette extrémité, une certaine latitude ; ils peuvent choisir entre deux lignes de conduite ; leur personnalité peut encore se manifester, et si l'amplitude des oscillations est réduite à son minimum, elle n'en existe pas moins.

L'homme né dans un bouge, d'une lignée maudite et vivant comme ses pères, conserve aussi une certaine liberté ; il y a néanmoins un abîme entre lui et le grand seigneur qui, dès sa naissance, a librement respiré sur les som-

(1) James Fitz-James Stephen, *History of the criminal law of England*, vol. II, p. 80 et suiv. Londres, 1883.

mets sociaux. Celui-ci a devant lui un large champ d'activité, et si malgré tout il tombe, l'effort personnel, et, par conséquent, la responsabilité sont d'autant plus grands.

L'autre, au contraire, se meut péniblement sur un terrain des plus étroits, les risques de chute sont effrayants; quand il succombe, l'effort personnel est bien moindre, la responsabilité est considérablement diminuée; elle est collective, sociale, l'histoire elle-même y participe et dans le malheur et le crime de l'individu retentit la souffrance de la race entière.

Nous devons en conclure que la liberté dans ce domaine n'a rien d'absolu ou d'abstrait; elle est une notion essentiellement relative et réelle.

La question, d'ailleurs, ne saurait influer que sur le système et la nature des peines. — Quant au droit de défense de la société, il reste intact, il est proportionnel au danger occasionné et ne dépend pas du degré de responsabilité reconnu chez le coupable.

CHAPITRE III.

I. Le vagabondage et la misère. — II. Aperçu historique. — III. Quelques mots sur la législation belge. — L'assistance des enfants abandonnés.

I

Si le crime éclatait au hasard, comme un feu follet voltigeant dans la nuit au-dessus d'un marais, la justice ne pourrait que frapper au hasard. Heureusement, il n'en est rien. « La criminalité, disait Ducpétiaux, tend de plus en plus à se concentrer dans un cercle défini, qui s'élargit ou se rétrécit sous l'influence de la misère ou de la prospérité. » Nous ne marchons donc pas dans l'inconnu et nous pouvons essayer de réagir avec plus de chance de succès.

Les éléments impurs qui fermentent dans la société peuvent être ramenés à un type fondamental : le vagabondage. Le vagabondage est la grande plaie qui s'attache à la civilisation comme la rouille au fer, et ne la quitte plus. Il se compose des gens qui vivent au jour le jour, sans espoir et sans but, dans le paupérisme chronique, la faim et la maladie, le rachitisme, la dégradation, la saleté et la débauche.

Il a pris dans ces derniers temps une grande recrudescence. Il y a tous les matins, à Paris, 50,000 individus qui ne savent ni comment ils mangeront, ni où ils dormiront [1]. Sur 250 récidivistes condamnés cinq fois à Paris, presque tous ont débuté par le vagabondage, et sur 6,350 vagabonds arrêtés dans la grande ville dans le premier semestre de 1882, il y avait 94 p. c. de vagabonds d'habitude. Pour la France, sur 32,943 vols, 47 p. c. ont été commis par des vagabonds, et sur 982 viols, 33 p. c. avaient également pour auteurs des vagabonds [2]. A Londres, 100,000 enfants abandonnés vagabondent dans les rues [3]. A Vienne, en 1880, près de 90,000 individus sans domicile ont été accueillis dans les maisons d'asile [4].

(1) Macé, *Le service de la sûreté à Paris.*

(2) *Annales parlementaires,* Sénat, 14 février 1885, p. 114.

(3) Von Oettingen, livre cité, p. 428 (en note).

(4) Idem.

En Belgique aussi, les vagabonds sont une légion. En outre, l'administration de la sûreté publique lutte toute l'année contre les vagabonds étrangers qui envahissent ses frontières, portent l'effroi dans les campagnes, la gangrène dans les villes et ne sont repoussés sur un point du territoire que pour rentrer bientôt après par un autre. Les vagabonds s'infiltrent partout d'ailleurs, toujours aux aguets, toujours à l'affût, épiant les fissures par où ils peuvent pénétrer dans l'organisme social; ils comprennent les nuances les plus variées, depuis le souteneur, le rôdeur de nuit, la fille publique, jusqu'aux saltimbanques et aux jongleurs de foire, jusqu'aux vanniers et aux étameurs qui, sous l'apparence d'un métier, errent dans les villages isolés; depuis le mendiant qui dort à la belle étoile, jusqu'au chevalier d'industrie des hautes classes vivant de jeu, d'expédients et de spéculations, et attendant parfois sous un titre d'emprunt l'occasion d'un mauvais coup.

Partout, le vagabondage est le stage du crime en relation directe avec la criminalité, qui augmente et diminue avec lui.

Le vagabondage a sa tradition et son histoire; l'Europe n'a pas seulement connu des races errantes, comme les Bohémiens et les juifs du moyen âge; bien avant, dès que la richesse est apparue, elle a eu des êtres errants. Au début de notre civilisation, le vagabondage est ignoré, les mailles des institutions primitives étant bien trop serrées et les groupes sociaux présentant un faisceau trop solide pour qu'il puisse s'insinuer dans la vie familiale : c'est la splendeur immaculée d'un jeune athlète au corps frais et vigoureux. Mais au IXe siècle, le mal est déjà là, les capitulaires le signalent; ils recommandent aux vassaux de garder leurs pauvres chez eux, de leur procurer du travail et de les empêcher de mendier au dehors (1).

Le vagabondage est né; il ira se développant jusqu'à nos jours; profitant de toutes nos fautes; représentant la fraude et la violence en face de la paix et du droit; réveillant la conscience endormie des législateurs, leur rappelant la pourriture humaine qui fermente toujours sous les apparences de la prospérité; se transformant au gré des commotions politiques et reculant ou avançant, suivant que les

(1) Ave-Lallemant, *Das deutsche Gaunerthum*, p. 43. Leipzig, 1858.

conditions de l'organisation sociale lui opposent des digues plus ou moins puissantes.

Il profite d'abord de l'anarchie féodale et de la faiblesse du pouvoir. La noblesse elle-même lui donne l'exemple, en n'admettant que le droit du plus fort, le *Faust-Recht*, et en recrutant les aventuriers. C'est la lutte ouverte d'une société contre une autre. Les grand'routes sont des champs de bataille, et les pendus qui se balancent aux arbres du chemin témoignent seuls parfois du triomphe de l'autorité.

Les vagabonds trouvent dans le développement des villes un foyer nouveau; les centres du moyen âge, comme les nôtres, attirent les énergies qui ont besoin de se dépenser et ne rencontrent pas de voies régulières.

Les vagabonds quittent les chemins publics et les régions isolées pour se lancer dans la mêlée urbaine; ils avaient eu à résister par la force aux patrouilles du prince, ils ont maintenant à déjouer par la ruse les poursuites de la police communale.

Qu'il s'agisse, d'ailleurs, des campagnes ou des villes, de la force ou de l'habileté, il y a désormais en Europe une population de gens sans aveu qui, dénués de moyens d'existence réguliers, parcourent le monde, promènent à travers les éléments stables de la société leurs instincts antisociaux, leur fantaisie, leur existence déréglée; c'est, dans le sens historique, ce que nous appelons aujourd'hui, dans le sens mondain, la vie de bohème. Ils fomentent les jacqueries, les guerres de paysans, ils traversent l'Italie, la France, l'Allemagne ou l'Espagne; ce sont les Truands, les Ruffians, les Bohémiens, les Malandrins, les Routiers, les Brabançons [1].

Tous ces éléments trouvent encore un aliment et un levier puissant dans la guerre de Trente ans et dans les armées de mercenaires qui rassemblaient et entraînaient à leur suite, pour dévaster le centre de l'Europe, les amateurs de pillage.

Au XVIIIe siècle, ils sont à l'apogée de leur développement. Au milieu du détraquement général, le sentiment du droit s'affaiblit, il est remplacé par une sorte de fausse sentimentalité, qui fait de Cartouche et de Mandrin en France, de Turpin et de Sheppard en Angleterre, de Bosbeck dans les provinces

(1) AVE-LALLEMANT, *Das deustche Gaunerthum*, p. 43. Leipzig, 1858.

rhénanes, des héros plus intéressants que leurs victimes [1].

Vers 1789, le flot montant du paupérisme ne connaît plus de digue. « Tout le long du XVIIIe siècle, dit Louis Blanc, on entend le bruit sourd que fait l'armée permanente de la misère. » En 1767, on arrête en France jusqu'à 50,000 mendiants; en 1777, on en compte jusque 1,200,000 [2]. Le vagabondage est formidablement organisé; des compagnies constituées militairement, des bandes de chauffeurs parcourent l'Allemagne, la Belgique et la France, et les instincts sanguinaires qui dorment toujours dans la société et ne demandent que l'occasion de se manifester, trouvent au milieu des secousses et des convulsions de l'époque des forces toujours nouvelles.

Le XIXe siècle voit encore se dresser devant

(1) Un phénomène analogue semble se produire aujourd'hui : la littérature légère, la petite presse illustrée, la cohue des désœuvrés qui suivent les audiences d'assises obéissent à la tendance de présenter l'aventurier de bas étage sous un jour romanesque, de commenter son attitude et ses paroles, de faire prédominer le côté pittoresque et scénique sur le côté grave et social; la pitié intervient où elle n'a que faire et elle manque là où son rôle est tracé.

(2) Louis Blanc, *Histoire de la Révolution française*, t. I; introduction, CL.

lui le sphinx du paupérisme et du vagabondage. Celui-ci n'est plus favorisé par l'anarchie; la guerre s'est calmée, la société s'est disciplinée; pourtant, notre état social, en tendant à l'extrême les ressorts de l'initiative individuelle, de la lutte pour l'existence, de la libre concurrence, sans offrir de contrepoids suffisant, de refuge aux vaincus et aux invalides du combat, a produit une situation peu digne d'envie. Notre civilisation a, au même degré que ses aînées, ses parias, ses races maudites. Elle a ses vagabonds sans feu ni lieu. Les nations leur font la chasse aux frontières; les communes se les renvoient. Rejetés de partout, sans autre issue que le dépôt de mendicité ou la prison, ils deviennent des brutes vindicatives, et rappellent les animaux farouches du grand siècle, décrits par La Bruyère.

II

Ce douloureux problème est-il susceptible d'une solution?

Que de civilisations sont déjà venues s'y heurter !

La Rome antique avait cru l'esquiver un instant, mais par un remède pire que le mal.

Elle n'avait pas de vagabonds, parce qu'elle avait l'esclavage et la clientèle; l'esclavage supprimait le mendiant en haillons dans les rues, car l'esclave n'était pas un pauvre; la clientèle supprimait les pauvres honteux à domicile, car le client était un indigent attaché à la fortune du patron. Il restait cependant des hommes sans ressources; les ouvriers libres ne pouvaient lutter contre le travail servile et devaient périr.

Pour ceux-ci, peu nombreux au début, mais augmentant insensiblement, on vendit d'abord le blé à vil prix, puis on en arriva à le distribuer gratuitement, et les distributions d'aliments ne firent que s'accroître. Le paupérisme devint une institution légale, reconnue par l'État. Sous Auguste, il y avait déjà à Rome 200,000 assistés; sous les Antonins, 500,000; sous Valentinien, on accordait 90,000 livres de pain par jour. On tarissait l'Italie au profit des paresseux; on affamait les provinces pour permettre à une armée pensionnée de fainéants de courir les tavernes et les cirques, de se vautrer dans la débauche et le vice [1].

[1] Lecky, *History of european morals*, t. II, p. 80 et suiv., 1877. — Chatel, *Études historiques sur la charité*.

Rome a donc empêché le vagabondage au prix de son existence; et c'est une société affaiblie, dégradée, sans ressort vital et sans souffle qu'elle transmet au monde chrétien et que l'Église trouve devant elle à ses débuts.

L'Église ne résout pas davantage l'énigme. Avec plus de cœur, mais aussi peu de clairvoyance que l'empire romain, elle sanctifie la pauvreté, glorifie la misère et la consacre par les ordres contemplatifs et mendiants. Elle fonde d'innombrables institutions de charité : hôpitaux, monastères, confréries, associations religieuses, qui, tout en faisant de l'assistance aux pauvres non pas un devoir de l'État, mais un devoir chrétien, obtiennent un résultat presque identique au résultat de la conception impériale : l'accroissement dans de formidables proportions de ceux qui demandent des secours, sans qu'il soit possible de distinguer les méritants des autres, le malheur de la paresse. Les quémandeurs affluent autour des églises, des cloîtres, des ordres religieux; les faibles, les souffrants, les humbles sont certains d'y trouver aide et protection, mais les vicieux aussi, et cette certitude, cette absence de distinction entre les valides qui refusent le travail et les invalides qui ne peuvent travailler, encourage la vie au jour le jour, les habitudes d'oisiveté et d'imprévoyance, c'est-à-dire le vagabondage.

On crut un instant que le monde allait être aux mendiants et que, de même qu'à Rome, il n'y aurait plus d'autre alternative que d'être serf ou de recevoir l'aumône. L'Europe sentit le danger, et la Réforme essaya de réagir.

La Réforme, en effet, ne se borna pas à combattre les abus que l'Église avait faits de ses énormes revenus; elle réagit contre le principe même de l'organisation de la charité. L'Angleterre donna l'exemple; on peut discuter en économie politique et condamner avec Malthus les conséquences de la taxe des pauvres. Ce qu'il faut retenir, c'est que les lois anglaises du XVIe siècle sur le paupérisme ont pour la première fois indiqué la voie à suivre, en distinguant nettement entre le crime et le malheur. Elles montrent une impitoyable rigueur envers le vagabond d'habitude, le paresseux qui, au milieu de la plus grande prospérité, méconnaît la loi sociale et ne veut pas travailler; elles montrent la plus grande bienveillance envers le mendiant d'accident, les infirmes, les vieillards, ceux qui ne peuvent pas travailler.

La célèbre loi d'Henri VIII (1531) pousse la sévérité jusqu'à ses dernières limites; elle condamne à mort le mendiant valide arrêté pour la troisième fois; elle partait de ce principe que l'homme qui n'était sur la terre que pour faire le mal n'avait pas le droit à la vie. Par contre, elle assurait l'existence du pauvre désireux de travailler; elle autorisait même l'indigent, qui ne pouvait faire autrement, à mendier et chargeait les paroisses de le secourir (1).

La révolution de 1789 s'est trouvée à son tour aux prises avec le problème. Elle a affranchi le travail, elle a considéré la bienfaisance comme une dette nationale; elle a consacré le droit à l'assistance (2).

Elle n'a pu, évidemment, réaliser ce droit, mais elle a, comme l'Angleterre du XVIe siècle, compris la nécessité de distinguer le pauvre du vagabond de profession. Un arrêté du 15 ventôse an II dit : « Quant aux mendiants valides qui

(1) FROUDE, *History of England*, t. I, p. 75 et suiv. — L. OWEN-PIKE, *History of crime in England*, vol. II, p. 65 et suiv. Londres, 1873.

(2) Loi du 19 mars 1793, art. 5.

ne peuvent être que fort suspects, les agents nationaux prendront des mesures sévères pour leur faire cesser leur infâme métier. » Et la loi du 24 vendémiaire an II ordonnait la transportation des vagabonds de profession.

Depuis l'époque révolutionnaire, la société hésite et tâtonne, et nous pouvons constater dans la civilisation européenne deux courants bien tranchés.

L'école socialiste voit dans l'État un être réel, le grand détenteur de la propriété; elle lui donne pour mission d'accorder à chacun la plus grande somme possible de bonheur et de bien-être; elle a ainsi une tendance à considérer tout homme sans ressources comme un malheureux, à consacrer le droit à l'assistance et au travail et à centraliser la charité.

L'école individualiste fait de l'État une abstraction et du citoyen le vrai rouage social; elle le laisse agir dans sa liberté; de lui seul dépend sa fortune; elle a une tendance à voir dans tout être privé de moyens d'existence un être vicieux qui a manqué de prévoyance et d'énergie, à individualiser, par conséquent, la charité et à admettre aussi dans ce domaine la théorie du laisser faire et du laisser passer.

Actuellement encore, cette conception domine, et personne ne soutiendra qu'elle ait produit des résultats brillants.

L'empire romain avait dit à l'homme : « Ne te soucie de rien et mange, voici des vivres. » L'Église lui disait : « Résigne-toi et prie, voici l'aumône. » Nous lui disons : « Lève-toi et travaille, voici la liberté. »

Un tel langage, il est vrai, a plus de dignité; il donne à l'homme un ressort moral inconnu jusqu'ici. Mais affranchir le travailleur sans lui procurer du travail, c'est se borner à proclamer un principe, c'est lancer le prolétaire, avec des espérances irréalisables, dans une mêlée sans issue, c'est le faire aboutir logiquement à revendiquer le droit au travail et les ateliers nationaux.

Nos pères n'ont pas compté avec la vaste organisation industrielle développée sous nos yeux. La liberté est la source de tous les progrès actuels : les machines succèdent aux machines; la force motrice mécanique annihile de plus en plus le travail manuel; les ramifications de la grande industrie, l'épanouissement prodigieux de la fortune mobilière et des sociétés anonymes asservissent de plus en plus le travailleur. Si bien que ces énormes progrès sont, à leur tour, la source de maux sans nombre.

Le prolétaire moderne loue librement ses services à un patron dont il est l'égal. Il se marie librement et peuple son intérieur d'êtres libres comme lui, et aux époques de prospérité exceptionnelle, nous ne voyons que les côtés brillants de la situation. Que les affaires se ralentissent, qu'une époque de production normale succède à une période de production outrée, et le revers de la médaille apparaît. Le chômage arrive; ce qui faisait la dignité morale du travailleur fait maintenant son désespoir; il est livré à tous les hasards du combat pour la vie; il est réduit au strict nécessaire; il descend d'un degré; il tombe dans le dénuement et bientôt dans le vagabondage. Il y a ainsi dans la société des individus plus exposés que les autres et la criminalité trouve une proie presque certaine. La masse ne demande pas du pain et des jeux, elle demande du travail, et nous sentons notre impuissance à la satisfaire.

On ne supprime pas la mendicité et le vagabondage; il n'y a au paupérisme d'autre remède que l'esclavage, et Rome nous en a montré les terribles conséquences. Il est incontestable, cependant, qu'il y a des institutions qui accentuent et d'autres qui affaiblissent le mal, et l'on peut affirmer que la civilisation actuelle n'offre pas sous ce rapport toutes les garanties désirables. Il est facile de dire : « Laissez passer la misère, laissez agir les hommes »; mais, dans ce domaine, M. de Laveleye l'a montré [1], la liberté absolue est souvent l'injustice. Quand la misère est déchaînée, quand les mains sont tendues vers l'État, et que l'État, débordé, atteint lui-même, est obligé de rester sourd aux prières, il s'évanouit dans je ne sais quel effroyable néant, et les théoriciens du laisser faire semblent absurdes et féroces.

On dit toujours : « Ne prodiguez pas la charité, car la charité engendre l'imprévoyance et la paresse. » On a parfaitement raison. On ne doit pas oublier, cependant, que quand on ne protège pas d'une façon quelconque avant le crime, on protège nécessairement après. Qu'est-ce que le régime pénitentiaire, que sont les sociétés de patronage, sinon l'organisation

[1] LAVELEYE et SPENCER, *L'État et l'individu*, traduit du *Contemporary Review*. Florence, 1885.

d'une sorte de socialisme d'État au profit des délinquants? Ils sont logés, nourris, vêtus par l'État, qui leur procure travail et salaire, et, après leur libération, la société cherche à leur obtenir des places. N'est-il donc pas plus juste de s'occuper d'eux et d'exercer le patronage avant le crime qu'après? N'est-ce pas plus économique aussi et ne vaut-il pas mieux dépenser de l'argent pour prévenir la criminalité que pour essayer, bien inutilement parfois, d'en corriger les effets?

Assurément, le secours à lui seul est funeste; il faut, à côté du secours, une répression énergique du vagabondage. L'Angleterre du XVIe siècle aurait pu dire, comme on le dit aujourd'hui aux ouvriers : « Épargnez contre la maladie et la vieillesse; c'est votre devoir, et si, en ne l'accomplissant pas, vous vous préparez des souffrances, vous en êtes responsables et vous n'avez rien à réclamer à personne. »

Elle ne raisonna pas ainsi; elle admit même avec excès le droit aux secours; celui qui avait travaillé toute sa vie pouvait terminer ses jours aux dépens de la société. Elle eut bien soin, d'autre part, de punir, même d'une façon exagérée, l'homme valide rebelle au travail.

Je suis loin de prétendre que la théorie socialiste pure est quelque chose de pratique; la théorie du laisser faire n'est pas meilleure; elle produirait une nation égoïste et cruelle.

La vérité, ce n'est ni la centralisation, ni l'individualisation à outrance; c'est une décentralisation au profit des groupes locaux, avec le contrôle et l'intervention de l'État; c'est de plus, à côté de la protection ainsi organisée pour les faibles, l'action énergique de la justice contre les mauvais.

Supposez dans une société une superposition d'institutions locales pour la protection de l'individu; supposez une infinité de groupes, de corporations ouvrières, de syndicats professionnels s'occupant de l'éducation, de l'apprentissage, du patronage des jeunes ouvriers, venant en aide aux veuves et aux orphelins, aux malades, aux infirmes, aux vieillards, s'efforçant d'organiser l'épargne en temps de prospérité et les secours mutuels en temps de crise; supposez que la commune, la province et l'État, chacun à son tour et dans sa sphère, surveillent et complètent ces organismes multiples; il y aura, certes, toujours des mendiants et des vagabonds, néanmoins les autorités auront le droit de se montrer d'autant plus sévères dans la répression du vagabondage, qu'elles auront fourni plus de moyens de s'y soustraire. L'État pourra jouer un rôle d'autant plus efficace, que son action sera plus accessoire et qu'il aura à subvenir à moins de besoins; la responsabilité des différents facteurs sociaux étant mieux déterminée et la loi de la solidarité mieux respectée, il ne sera plus le point de mire de toutes les récriminations.

III

Si nous passons de la théorie sociale à la législation positive belge, nous verrons qu'elle a fait beaucoup déjà sur le terrain de la bienfaisance et de la répression du vagabondage; les discussions approfondies auxquelles se sont livrées nos Chambres, notamment en 1834, en 1848, en 1866 et en 1876, témoignent de l'importance que les pouvoirs publics ont toujours attachée à ces grandes questions.

Ils n'ont pu tout faire, cependant, et si nous entrons dans un dépôt de mendicité, en voyant cette fange humaine, nous éprouvons l'impression suivante : Nos lois ont classé les pauvres à domicile et les pauvres sans domicile ; elles ont séparé les enfants et les adultes ; elles ont distingué les valides des invalides ; elles n'ont pas suffisamment séparé la souffrance et le vice, la paresse et le malheur. Elles ont, malgré les réclamations de divers orateurs qui ont pris part notamment à l'élaboration de la loi du 6 mars 1866, négligé la grande distinction fondamentale dont j'ai déjà parlé, entre l'accident et l'habitude, l'occasion et la profession. On trouve confondus dans un dépôt, comme on les trouve confondus dans la loi, ceux que les circonstances ont poussés au vagabondage et ceux que l'instinct a dominés ; les mendiants demandant du travail et les vagabonds attendant l'occasion du crime.

Les dépôts contiennent beaucoup d'individus à qui le travail seul a manqué ; la preuve, c'est que, quand le travail abonde, ils se dépeuplent. Les dépôts contiennent aussi un grand nombre d'individus dont la cause de l'internement est le penchant au crime ; la preuve, c'est le chiffre des repris de justice qui font continuellement la navette entre le dépôt et la prison.

Il y a là deux domaines absolument tranchés : les reclus de la première catégorie n'appartiennent qu'à la charité ; les reclus de la seconde appartiennent à la répression.

Or, que fait la loi ? A part l'*obligation* qu'elle impose d'arrêter le vagabond valide, et la *faculté* qu'elle donne d'arrêter le mendiant valide, dès qu'ils se trouvent devant le juge, elle les place sur la même ligne. Ils seront condamnés d'abord de un à quinze jours de prison, et après cela, internés pendant six mois au maximum dans un dépôt de mendicité, une école de réforme ou une maison pénitentiaire désignée par le gouvernement. En fait, ils ne sont jamais envoyés dans ce dernier genre d'établissements.

Or, quand un juge de paix condamne un mendiant d'accident, et que ce mendiant, après avoir subi sa peine, va passer trois mois au dépôt, avec les plus dangereux repris de justice, ce mendiant devient un vagabond d'habitude, et le juge a créé un délinquant, justifiant en cela la terrible affirmation de lord Coleridge, qui, le 29 octobre 1884, disait, en ouvrant les assises de Bedford : « Les tribunaux sont parfois des fabriques de criminels. » Quand, au contraire, le même juge condamne un vagabond habituel valide au maximum de l'internement dans un dépôt, c'est-à-dire à six mois, il fait une chose absolument vaine; la société dépense de l'argent en pure perte et est certaine de retrouver au bout des six mois l'être dangereux et nuisible qu'elle avait enfermé.

Dans le premier cas, la loi est trop rigoureuse, elle a frappé quand il fallait secourir; dans le second, elle est trop indulgente, elle assimile, en effet, le malfaiteur au malheureux.

Et puis, dans les deux cas, pourquoi cette condamnation préliminaire à quelques jours de prison? Quel résultat en espérer? Si c'est un pauvre, pourquoi punir sa misère de quinze jours de cellule, et si c'est un délinquant, pourquoi le punir si peu?

En ce qui concerne le vagabond d'habitude, la justice répressive seule doit intervenir. Seulement, elle agit sans réflexion quand, après l'emprisonnement préliminaire résultant de l'article 1er de la loi du 6 mars 1866, elle se borne à interner pendant six mois un individu dont l'avenir est déterminé d'avance. On sait qu'il commettra de nouveaux méfaits; on sait qu'il rentrera un jour au dépôt; on sait, l'histoire et la statistique le montrent, que le vagabondage est la salle d'attente de la criminalité. Si on ne le savait pas, d'ailleurs, les registres d'écrou des prisons sont là, remplis de ces noms de détenus ayant subi un nombre considérable de condamnations pour vagabondage, et ayant passé en cellule le temps qu'ils n'ont point passé dans les dépôts.

Un système imposant ainsi à des délinquants de profession des séjours successifs dans les dépôts a de bien fâcheux résultats : il fournit aux plus mauvais l'occasion de corrompre les moins mauvais. Il produit entre les indigents et les délinquants une inévitable confusion au détriment des premiers. Il provoque surtout, et c'est là une conséquence digne d'attention, dans les communes qui ont à payer à la fois l'entretien des uns et des autres, une antipathie, une hostilité uniquement justifiée à l'égard des vagabonds d'habitude.

En ce qui concerne ces derniers, un seul espoir subsiste : les rendre inoffensifs. Il n'est pas nécessaire pour cela d'attendre de leur part la perpétration de grands méfaits. Plus vite on agira, mieux cela vaudra. Ce qu'il faut donc avant tout, c'est une détention plus longue. Les auteurs de la loi du 3 avril 1848, mieux inspirés que ceux de la loi du 6 mars 1866, accordaient au gouvernement le droit de détenir pendant un temps illimité. Cette idée était juste, et l'internement actuel est trop court. Pourquoi ne prononcerait-on pas, contre le vagabond d'habitude, un an de détention, en augmentant la durée de la peine suivant le nombre de délits déjà commis, et en allant même, à l'égard des plus dangereux, jusqu'à l'internement à vie dans des ateliers spéciaux?

Cette catégorie d'individus, si embarrassante pour la société, paraît d'ailleurs ressortir à l'administration pénitentiaire, et non pas à la bienfaisance. Ils font, dans cette dernière région, un séjour illogique et toujours éphémère. En s'y prenant à temps, en les voyant dès le début tels qu'ils sont, en les privant dès le début aussi de leur liberté, on garantit mieux la sécurité sociale, on ne surcharge pas le budget des communes et on affaiblit la source de la vraie criminalité.

Donc, plus de sévérité dans ce cas, mais aussi plus d'humanité vis-à-vis des malheureux. Exerçons notre droit contre les vicieux; accomplissons notre devoir envers les pauvres. La loi belge, obéissant à une excellente tendance, a fait de la charité en premier lieu une obligation communale. Mais l'œuvre législative ne suffit pas, il faut que le sentiment qui l'inspire pénètre dans les mœurs. Les communes ont reçu une noble mission, elles n'en ont point apprécié la grandeur. Au lieu d'étudier la loi pour en développer l'esprit, elles ne cherchent qu'à l'éluder. Au lieu d'aller au-devant des charges de la charité, elles résistent aux frais d'entretien de leurs indigents, elles cherchent à éloigner ceux-ci de leur territoire, et, pour ne pas payer ces dépenses si fécondes, elles vont jusqu'à inventer des subtilités, des finesses et des ruses indignes d'elles!

Nous sommes loin de cette société idéale où les petits pouvoirs locaux, renonçant aux dépenses improductives, consacreraient leurs ressources à venir en aide aux déshérités, institueraient des ateliers de charité, des asiles, des fermes-hospices, qui, sans contenir des fainéants, seraient le refuge des misérables! Actuellement, les communes n'exécutent même pas les obligations que la loi leur demande de remplir.

Alors que le vagabondage était intense, Luther, dans sa préface au célèbre *Livre des vagabonds* (*Liber vagatorum*) (1), disait : « Il importe aux princes, seigneurs, conseillers des villes et bourgeois, d'être clairvoyants et de comprendre qu'en ne venant pas en aide aux pauvres, ils augmentent les délinquants. Il faut donc que chaque ville, chaque village, connaisse ses pauvres et leur vienne en aide. »

Ces paroles sont encore vraies. Que chaque petite ville aide ses pauvres, et les prisons seront moins peuplées. Il existe, il est vrai, des villages indigents eux-mêmes, et la loi a pourvu à ces cas; mais il y a incontestablement aussi beaucoup de communes égoïstes; qu'elles méditent les paroles de Luther, qu'elles se persuadent qu'elles seules peuvent, à l'égard des vrais pauvres, exercer une action immédiate et bienfaisante, et que le refus de faire parfois de petits sacrifices entraîne souvent plus tard, pour la société, d'onéreuses conséquences.

Les questions qui se présentent pour les adultes sont plus graves peut-être encore quand il s'agit des enfants. « Le crime de l'homme, a dit Victor Hugo, commence au vagabondage de l'enfant. » C'est à l'âge où

(1) Ave-Lallemant, *Das deutsche Gaunerthum*. Leipzig, 1858, p. 136.

l'on peut réformer les penchants, qu'il faut les combattre. Mais tous les moyens ne sont pas indistinctement bons. Ici aussi, règne un certain chaos.

La nécessité de séparer le vice de la misère apparaît dès le premier âge. Il y a des enfants mauvais et des enfants malheureux. Malgré tout le désir des pouvoirs publics [1], on les confond encore bien souvent. On voit des enfants dépravés dans les établissements de bienfaisance. On voit de petits misérables qui n'ont eu que le tort de naître dans les établissements pénitentiaires. N'est-on pas cruel en enfermant dans une maison de réforme un enfant qui a volé des pommes ou des bonbons, alors que l'enfant du riche recevra tout au plus, pour le même fait, une correction manuelle?

Il se passe même une chose terrible et malheureusement trop vraie : la commune, désireuse de se soustraire aux frais d'entretien, préfère voir livrer à la justice un enfant qui devrait être secouru. C'est un devoir sacré

(1) Le département de la justice, notamment, a fréquemment fait des recommandations de ce genre aux parquets. Voir, entre autres, les circulaires du 23 septembre 1879 et du 12 février 1882.

entre tous, cependant, que de veiller sur les enfants malheureux qui n'ont point révélé des instincts indomptables. Ici, il y a une œuvre féconde, pratique et réellement bienfaisante. Un triage méticuleux, le régime paternel et doux de Ruysselede, le groupement familial, le travail agricole, tout cela peut régénérer l'enfant, à condition que le système ait une certaine durée et que le jour où l'on rend l'enfant à la liberté, l'on s'occupe encore de lui. Le comité de patronage est le complément indispensable de l'école de réforme. Ducpétiaux l'avait compris, et il est déplorable que les comités créés par lui, en 1848, n'aient pas fonctionné.

Mais il ne s'agit pas seulement des petits mendiants et des petits vagabonds, des enfants trouvés et abandonnés et des orphelins; il existe aussi des enfants sous puissance paternelle qui, malgré un domicile et une famille, peuvent être considérés comme moralement abandonnés. Faut-il les laisser à leur déplorable milieu, doivent-ils s'étioler dans l'atmosphère délétère où ils sont nés? ou bien la société a-t-elle à s'occuper d'eux, et le département de la Seine, qui, en France, est entré récemment dans cette voie, a-t-il raison d'organiser à leur égard une protection sociale [1]?

Personne ne niera que ces problèmes ne soient redoutables. A ceux qui veulent, par cela seul que les parents sont vicieux, recueillir l'enfant, on reproche de favoriser l'immoralité.

Napoléon Ier, instituant des tours et voyant dans la multiplication des enfants trouvés un moyen de recrutement pour ses armées, avait incontestablement tort.

Mais la loi actuelle punissant l'avortement, l'infanticide, l'abandon, et disant aux êtres les plus dégradés : « Gardez vos enfants, ou la justice sévira contre vous », fait du foyer domestique une école de vice.

L'humanité ne peut malheureusement pas établir une sorte de sélection artificielle et s'améliorer en empêchant les mauvais de se reproduire. Qu'elle essaye par tous les moyens en son pouvoir de combattre chez les parents la débauche, le vice, la prostitution, l'alcoo-

(1) Voir le rapport de M. Gerville-Réache sur le projet de loi sur la protection des enfants abandonnés, délaissés ou maltraités. (*Bulletin de la Société des prisons*, t. IX, p. 45, 197, 338 et suiv.)

lisme, mais quand elle n'a pas réussi et que l'enfant des vicieux est là, il n'y pas à le supprimer, il faut bien compter avec lui.

Or, la nature ne se soucie guère de l'immoralité. Elle distribue indistinctement la force vitale dans tout l'univers, sans se demander si elle sert ou non les intérêts de la morale. Il lui est indifférent de donner la vigueur et le génie à l'enfant naturel ou à l'enfant légitime. Elle ne demande que des conditions normales de développement, un terrain propice, c'est-à-dire un milieu social favorable. Si donc la société abandonne l'enfant et le rend responsable des fautes de ses parents, elle sait ce qui l'attend; elle peut calculer d'avance ce qu'il coûtera de maux et de sacrifices. Elle ne peut exiger le miracle qu'il devienne honnête. « Les forêts de chênes, dit von Oettingen, ne poussent pas sur les sables mouvants. »

Il faut donc agir le plus tôt possible, et il est même injuste de punir le penchant au crime chez l'adulte, quand on n'a rien fait pour le prévenir chez l'enfant; de l'enfermer plus tard dans une cellule, quand on l'a laissé grandir dans la pourriture. Le crime est suspendu sur sa tête, et le glaive de la justice ne peut frapper sans scrupule que si la société a d'abord pris l'enfant sous son égide.

Dans cette direction doit donc porter l'effort du législateur.

Je ne prétends nullement qu'il n'éprouverait pas encore de grands mécomptes. On n'a pas jusqu'ici trouvé le moyen d'anéantir la prostitution et la débauche, l'alcoolisme et l'hérédité. Il y aura toujours, parmi les enfants comme parmi les hommes, des incorrigibles et des prédestinés.

Tout ce que j'entends dire, c'est que nous serons plus logiques et que nous aurons certaines chances de succès. Quand l'État prend un criminel accompli et essaye de le convertir, il roule le rocher de Sisyphe, il se heurte à la fatalité; quand il prend un enfant en bas âge, il est encore possible qu'il en fasse un homme, un soldat, un marin, un bon ouvrier, un être utile.

Dans la prison, après la chute, il n'y a place que pour les regrets; dans les dépôts pour vagabonds, la chute est prochaine, il n'y a place que pour la résignation. Ici, au contraire, il y a place pour l'espoir, et dans tous les cas pour la lutte contre le mal; et je ne connais pas de spectacle plus solennel que ce champ de bataille, où les aspirations généreuses de la société sont aux prises, soit avec l'élan brutal des dégénérés, soit avec l'instinct héréditaire, et où chaque victoire, même minime, élève le niveau des générations futures.

CHAPITRE IV.

I. La justice pénale. Les origines du droit pénal. Caractère objectif du droit pénal. — II. Imperfections de la loi pénale belge. — III. La Hollande et l'Angleterre. — IV. Les premières fautes et les récidives. Les délits publics et les délits privés. — Peines nouvelles à introduire dans les codes.

I

J'abandonne l'examen des institutions préventives, et j'aborde les institutions répressives, et en premier lieu la justice pénale.

On ne saurait la placer assez haut. Ainsi que Spencer le démontre (1), une mauvaise administration de la justice augmentant les frais généraux de l'existence, atteint les classes laborieuses. Le philosophe anglais regrette que tant de sujets divers absorbent l'attention publique et l'empêchent de s'occuper de l'organisation de la justice. Combien ce regret est légitime, quand il s'agit de la justice criminelle! La façon de la concevoir préoccupe

(1) SPENCER, *Social statics essays*, vol. II et III.

rarement ceux qui s'intéressent au grand problème social de la criminalité ; ses lacunes ou ses imperfections n'ont pas le don d'émouvoir l'esprit public.

L'importance des questions qui s'y rattachent est pourtant énorme.

Le premier point à noter, c'est qu'en droit pénal les systèmes absolus n'ont plus de sens. Le rêve du droit d'équité est dissipé; les hommes n'admettront plus jamais que l'on puisse ramener les nations et les individus à une sorte d'idéal abstrait. Manou disait : « Le châtiment, noir génie à l'œil rouge, gouverne le genre humain. » Beccaria écrivait : « Voulez-vous prévenir les délits, faites que les lois soient claires et simples et que toute la force de la nation soit employée à les défendre. »

Le législateur rivé à ces théories et confiant dans le génie du châtiment ou dans la précision des textes, ne serait pas digne de faire des lois. Bien loin de disposer du fond des choses, il n'y touche même pas. L'on ne triomphe pas des réalités de la vie par des formules.

La peine, à ses débuts, n'a pas de caractère théorique; elle n'est pas une création artificielle de l'esprit; elle n'implique même aucun mépris pour le condamné; elle est essentiellement objective.

En face de l'infraction, la société, menacée, s'affirme; en répondant à l'attaque, elle se borne à obéir au sentiment de conservation de l'espèce; elle cherche à rendre la vie commune possible. « L'homme, dit Jhering, n'avait pas plus dans la tête l'idée innée du respect de la propriété et de la vie que l'idée innée de la machine à vapeur [1]. »

Il a, en effet, appris à ses dépens et peu à peu que l'existence sociale exclut la violence, le meurtre, le vol, la fraude et la ruse. La société, à son tour, a graduellement acquis des notions plus claires sur les conditions normales du développement de la communauté et elle les a graduellement aussi fixées dans des textes de lois. Ce n'est que plus tard qu'elle a fondé sur ces textes des systèmes, des théories et même des rêves.

Nous avons perdu de vue les origines du droit pénal; nous avons oublié que la criminalité suit pas à pas la civilisation. Depuis les vieilles théogonies qui punissent l'orgueil des

(1) JHERING, *Der Zweck im Recht*, t. II, p. 112.

Titans révoltés, l'histoire du droit pénal, c'est l'histoire de la réaction instinctive que la société oppose aux impulsions instinctives de l'homme. En méconnaissant cette vérité, nous avons exagéré la croyance à l'efficacité de la loi, et nous avons abouti à un excès de législation.

La loi est, certes, quelque chose, mais elle est accessoire.

L'humanité a une trame permanente sur laquelle les siècles brodent des dessins variés. Chaque période a son caractère propre et chaque genre de civilisation entraîne avec lui son genre de criminalité.

Le moyen âge se distingue par la brutalité. L'époque des guerres privées, des combats singuliers est l'époque des attentats violents contre la vie et la propriété.

La chevalerie elle-même vivait de rapines et de pillages, et Fortescue voyait encore, dans les crimes commis en Angleterre au XVe siècle, des traditions de bravoure (1).

Quand, à la fin du moyen âge, le commerce

(1) « Plus d'hommes, dit-il, ont été pendus en un an en Angleterre pour brigandage et homicide qu'en France en sept ans, parce que les Anglais ont plus de courage. »

se développe, la brutalité n'est plus la source unique des crimes; la fraude et la ruse font leur apparition; en même temps, les mers, s'ouvrant à l'esprit d'aventures, y appellent la piraterie et la contrebande.

Enfin, à notre époque, les sentiments humanitaires dominent; la violence cède, mais le développement du capital et des sociétés anonymes, l'esprit de lucre poussé à l'extrême ont fait naître une criminalité nouvelle : faux bilans, escroqueries colossales, constitution de sociétés véreuses, falsification de denrées alimentaires, fraudes de toutes espèces.

On pourrait suivre ainsi la criminalité à travers les âges. Chaque crime a son histoire.

Prenons, par exemple, le vol; il est d'abord pour ainsi dire légal, reconnu, glorifié même; il sert de but à des expéditions de guerre; celles-ci recrutent des seigneurs puissants et c'est presque un mérite d'y prendre part.

Bientôt, le vol descend d'un degré. Les voleurs de grand chemin qui dressent des embuscades aux voyageurs ne sont plus les égaux des anciens chefs, mais ils ont encore une organisation sérieuse, des bandes avec des capitaines et des règlements.

Maintenant, à part certaines régions de l'Italie ou de la Grèce, les bandes de voleurs deviennent de plus en plus un souvenir consigné dans les vieux romans. Le voleur est encore tombé plus bas, il a perdu tout prestige. Isolé, poursuivi et traqué par la police, il rôde dans l'attente d'une occasion propice.

Ce ne sont point les textes de lois qui ont produit ces résultats, mais bien des courants généraux. A mesure que la civilisation progresse, l'intelligence joue un rôle prédominant. Le travailleur a soif de calme et de sécurité; la force ne s'éparpille plus au gré des appétits. Elle est monopolisée au profit de l'autorité et de l'ordre. Il se forme une opinion publique irrésistible, qui glorifie le droit, condamne tout ce qui le trouble et précise la signification du crime.

De plus, les progrès des arts, des sciences et des lettres, du travail, de l'industrie, de la mécanique, offrent des débouchés nombreux aux besoins d'activité et de mouvement. La somme de force que les hommes doivent dépenser peut être appliquée au bien, et les occasions de l'employer se multiplent. De là plus de mépris pour ceux qui la tournent vers le mal et plus de rigueur dans l'appréciation de leurs actes (1).

Nous devrions, quand nous nous occupons de ces matières, avoir toujours sous les yeux les exemples qui nous ont été légués par les Romains.

Aucun peuple n'a atteint le même degré de santé juridique; aucun peuple n'a montré une si prodigieuse fécondité dans le domaine du droit. Pourtant, les Romains ne croyaient pas à la toute-puissance de la loi, et la loi était pour eux un expédient bien plus qu'un dogme. En droit pénal, notamment, ils ne cherchaient pas à extirper la criminalité, ils se bornaient à rétablir la sécurité. Ils ne croyaient pas arriver à leur but par la multiplicité des châtiments.

En outre, le législateur comprenait autrement que nous la mission du magistrat, et il avait bien soin de laisser à ce dernier la faculté d'assouplir, de développer ou de modifier les textes, d'après les besoins nouveaux. La vie, en effet, est complexe, elle est le mouvement et la variété par excellence; la loi est une, im-

(1) Pike, *A History of crime in England, passim.*

muable, toujours la même. Pour qu'elle ne soit pas en désaccord avec les faits, il importe que le juge puisse sans trêve l'animer de son souffle et lui rendre la vie qui s'échappe. Les Romains le comprenaient; grâce à leur conception, l'Édit du Préteur et les *Responsa prudentum* sont devenus les sources de la richesse et de la vigueur du droit romain.

Or, ce qui a fait ainsi la force de ce dernier nous manque précisément. Nous n'avons plus cette large et saine compréhension des choses; nous ne possédons plus des préteurs et des *prudentes* pour façonner la législation : nous avons des organes fidèles de la loi. C'est beaucoup, ce n'est point assez.

Une loi écrite uniforme vaut mieux que l'arbitraire du prince, une loi applicable à toute une nation est préférable à l'anarchie féodale. Mais il ne faut rien exagérer : le Code de 1791 exagérait quand il fixait à chaque délit une peine invariable, et déjà le Code de 1867, qui abaisse beaucoup le minimum de la peine et accorde au juge l'appréciation des circonstances atténuantes, est un grand progrès sur ce système. Il y a partout, d'ailleurs, une réaction très vive contre l'asservissement excessif du juge au texte de la loi [1].

La liberté du magistrat, qui est dangereuse quand le magistrat ne dépend de personne et peut user de son indépendance pour infliger la torture, présente beaucoup moins d'inconvénients quand le juge relève de la loi et qu'il n'a que la liberté de graduer l'emprisonnement. L'absence de dispositions précises est funeste quand, avec *la Caroline*, elle livre le coupable aux caprices du prince : mais la classification exagérée est aussi un mal quand elle fait de l'administration judiciaire un engrenage, du juge un instrument passif et du jugement un acte routinier.

Le jugement est un acte de conscience ; il ne faut pas que le culte de la forme et le respect de l'unité détruisent ce sentiment libre de justice qui est l'âme du droit. Il ne faut pas qu'ils puissent entraver ces deux grandes conquêtes modernes : l'idée de l'individualisation de la peine, l'idée d'un juge protecteur des faibles et faisant encore, même au moment où il prononce sa décision, de la justice préventive.

Codifier, c'est donc très bien. Seulement,

(1) Von Liszt, *Lehrbuch des deutschen Strafrechts*, p. 263. Berlin, 1884.

faire un Code pénal, ce n'est pas créer de toutes pièces et dans ses moindres détails une œuvre systématique, c'est refléter dans ses grandes lignes une époque sociale.

II

Je n'ai pas besoin de dire que le Code de 1810 n'a pas répondu à ces conditions. Bien loin de résumer les progrès de son temps, il est resté en deçà du siècle ; œuvre précipitée, hybride, dépourvue de méthode et de direction, conception d'un pouvoir despotique et défiant, il était si peu pratique, que ses auteurs ne se sont même pas demandé si les peines qu'ils édictaient étaient exécutables. Le système de la pénalité n'était qu'une fiction et il n'y avait pas d'établissements pénitentiaires pour correspondre à la distinction des peines. Le Code de 1810 n'a eu aucune action sur la criminalité.

Notre Code de 1867 a adouci les aspérités, tempéré la rigueur du Code de 1810. Mais a-t-il profité du demi-siècle d'expériences qui a suivi? A-t-il abordé les graves problèmes que la science actuelle discute? Est-il entré dans le grand courant de transformation qui nous entraîne? Hélas! non. Il y est resté complétement étranger.

Un Code pénal, quelque parfait qu'il soit, immobilise pour un long terme ce qui est le mouvement; la loi ne connaît que les sommets de la vie et ne peut en scruter les accidents infinis. Il arrive un moment où, débordée par les faits, elle perd son crédit.

Il importe donc beaucoup, quand on codifie, de bien choisir, non seulement les éléments, mais aussi le moment de la codification.

Je ne sais si, en Belgique, nous avons bien choisi notre moment et si nous avons assez regardé autour de nous. Quoi qu'il en soit, il n'existe pas de proportion entre le talent dépensé et les résultats obtenus, et il semble y avoir déjà rupture d'équilibre entre les principes et les idées qui partout flottent dans l'air et sèment le doute sur l'efficacité des institutions pénales modernes.

Voyez les peines! Comme dans le Code de 1810, ce sont des mots et rien que des mots! Le juge, en prononçant les travaux forcés, la réclusion, l'emprisonnement, ne répond à aucune réalité, puisqu'il n'y a plus, en somme, à quelques nuances près, qu'une seule peine privative de la liberté, dont la durée seule varie.

Voyez les infractions! Leur division nominale en crimes, délits, contraventions est-elle bien fondée? Il y a des infractions plus graves que les autres et elles méritent une répression plus sévère. Mais la classification tripartite qui a fait l'objet de si vives discussions à ses débuts est-elle utile? Les Hollandais et les Italiens n'ont-ils pas raison de la combattre au nom de la simplicité de la loi [1]?

Voyez le système du cumul des peines, l'une des rares innovations du Code! Cette innovation complique l'application de la loi pénale. Mais contribue-t-elle à son efficacité, a-t-elle une influence sur les mœurs, sur la civilisation ? Et si elle n'est qu'un travail théorique pour les juges, n'est-elle pas une œuvre puérile et vaine?

La classification exagérée, les subdivisions minutieuses qui veulent saisir les moindres nuances et s'occuper des plus petits détails forment un engrenage inextricable. Et pendant que les magistrats, livrés à de véritables opéra-

[1] Les Italiens hésitent en ce moment entre une classification tripartite et la division des infractions en deux classes.

tions d'arithmétique, se perdent au milieu de calculs compliqués, d'un fouillis de dénominations légales et de distinctions d'école, ils doivent nécessairement oublier, et le caractère social de leurs fonctions et le caractère objectif de la peine.

Le droit, reflet puissant de la réalité vivante, devient ainsi une scolastique vide et stérile. La justice pénale, en cherchant sa ligne de conduite dans les textes et non dans le monde qui l'entoure, s'affaiblit et perd son prestige. Le nombre des citoyens qui se rendent justice à eux-mêmes augmente ; il y a un retour marqué vers l'ancien droit de vengeance. Symptôme significatif, dont il faut tenir compte.

Un fait est indéniable : ni le législateur de 1810, ni le législateur de 1867 n'ont estimé que le droit pénal fût une science sociale et dût s'appuyer sur l'étude des faits sociaux. Ils manquent ainsi d'une base solide et introduisent nécessairement dans les lois comme dans la jurisprudence un certain caprice. Les vols, les meurtres, les fraudes, les coups ne sont pas des entités juridiques ; ils ne représentent pas le type abstrait du mal : ils sont l'expression d'un état social déterminé, et c'est cet état social que le législateur doit considérer avant tout. Au XVIIIe siècle, en Angleterre, le salaire était encore fixé annuellement par l'autorité, et recevoir ou donner un salaire différent du salaire légal était un délit puni de la prison. De nos jours, cette fixation forcée du salaire pourrait elle-même devenir le délit [1]. Tout dépend donc des circonstances, et la culpabilité n'a rien d'absolu. On oublie toujours ces données si évidentes, et on arrive ainsi à des résultats vagues et arbitraires.

M. James Fitz-James Stephen critique, à ce point de vue, la pénalité en Angleterre. Il montre, par exemple, qu'il y a, à côté d'identité d'infraction, différence énorme de culpabilité entre le vagabond d'habitude qui, rôdant dans les campagnes, pille une ferme isolée, et le mendiant poussé par le besoin qui, se trouvant en plein jour dans une rue fréquentée de Londres, escalade une fenêtre et vole des aliments. Le Code pénal belge suggère beaucoup de réflexions de cette nature. L'opinion publique et la justice elle-même mesurent souvent leur sévérité ou leur indulgence d'après des apparences trompeuses, et jugent bien

[1] Code pénal, art. 310. — Voir PIKE, livre cité.

plus le crime que le criminel. Les débats d'assises sont plus passionnés et plus émouvants, ils sont encadrés d'un appareil plus solennel et d'un public plus nombreux; cependant, tout criminel traduit devant le jury n'est pas plus coupable et plus dangereux que les délinquants traduits devant les tribunaux correctionnels et passibles de peines moins sévères. Le contraire est souvent vrai. Le voleur de profession est prudent et habile; il vit de petits vols; il connaît la loi; il prend ses précautions; il comparaît à chaque instant devant le juge correctionnel; et tout en étant un danger permanent pour la société, il parvient très souvent à n'obtenir que quelques mois de prison. (463, C. p.) Le délinquant d'accident, au contraire, qui a commis une fois un vol qualifié, sera condamné au moins à dix ans de travaux forcés. (471, C. p.)

Deux amants transportés de jalousie en viennent aux mains pour leur maîtresse, et l'un des deux meurt à la suite de la rixe. Son rival ne songeait pas à le tuer; il est peut-être un honnête homme; il sera puni de la réclusion. (401, C. p.)

L'être brutal qui maltraite habituellement

de plus faibles que lui, qui frappe une femme ou des enfants, est moins digne de pitié que la fille séduite qui, pour échapper au déshonneur et à la misère, se fait avorter.

Le premier n'aura peut-être que quelques mois de prison; la seconde aura à coup sûr, au minimum, deux ans de cellule. (398, 351, C. p.)

Notre législation punit le port de faux nom, de faux titres de noblesse, de fausses décorations, etc. (art. 228 et suiv., C. p.), alors même que l'auteur de l'acte incriminé n'a pas agi dans un but coupable et n'a péché que par vanité; elle néglige totalement la répression de l'ivresse, bien que l'alcoolisme soit une des causes de la criminalité. Et je rappelle à ce propos que le nouveau Code hollandais de 1881 punit même ceux qui servent à boire à une personne déjà ivre.

Nos lois infligent jusqu'à un mois de prison aux mendiants qui feignent des infirmités ou des plaies (342, C. p.); elles n'infligent que 20 francs d'amende, au plus, aux individus qui causent la mort des animaux d'autrui par un chargement excessif, la rapidité ou la mauvaise direction des voitures, etc. (559, C. p.)

Rien n'empêche le tapageur nocturne d'être condamné à 5 jours de prison, ce qui est d'une sévérité outrée. (561, C. p.)

Rien n'empêche celui qui a falsifié des denrées alimentaires d'être condamné à 8 jours de prison, ce qui est d'une indulgence dérisoire. (500, C. p.)

On dira que c'est un effet de la liberté que la loi laisse au juge et que celui-ci, depuis les dispositions aggravantes de la récidive jusqu'à l'extrême limite du minimum, a une large faculté d'appréciation.

Il ne faut pas déplorer que le juge soit libre, mais il faut déplorer qu'il manque de boussole. Ni le texte du Code, ni la jurisprudence, ni la doctrine ne lui fixent de règle de conduite, et quand il distribue l'indulgence et la rigueur, parfois un peu au hasard, il se borne à refléter une situation juridique imparfaite.

De 1876 à 1880, nos tribunaux répressifs ont infligé environ 90,000 peines privatives de liberté.

Soit :

Peines criminelles. . . .	577
— correctionnelles . .	77,346
— de simple police . .	14,000

Sur les 77,346 peines correctionnelles, il y en a eu 70,210 condamnant à un emprisonnement de 6 mois au plus.

Soit :

Moins de 8 jours	4,009
De 8 jours à 1 mois . . .	35,685
De 1 mois à 6 mois . . .	26,793
6 mois	3,723

Il y en a eu 4,505 condamnant à un emprisonnement de plus de 6 mois jusqu'à un an (1).

Ces chiffres semblent témoigner surtout de la mansuétude du juge. Ils sont, en réalité, la preuve du formidable abus qui, chez nous comme en France, se fait des petites peines.

Sur ces 90,000 détenus, combien n'y en a-t-il pas qui sont plus malheureux que coupables et que le juge, à l'exemple du juge anglais, devrait bien plus secourir que punir? On se demande avec effroi quelle a été l'utilité de ces 40,000 condamnations à moins d'un mois de prison?

Mais combien n'y a-t-il pas aussi, parmi ces

(1) Administration de la justice criminelle et civile. Résumé statistique, 1876 à 1880, ministère de la justice.

condamnés, d'incorrigibles récidivistes qu'il faudrait détenir longtemps! La multitude des petites peines, c'est le va-et-vient incessant de la légion des délinquants habituels; c'est la prison transformée en hôtellerie, c'est le détenu s'en allant à la bonne saison et restant en état de guerre contre la société; c'est, en un mot, le juge remplissant, sans s'en douter, les casiers de la récidive.

Dans des cas pareils on devrait appliquer la distinction fondamentale introduite par la science entre les délinquants d'occasion et les délinquants d'habitude, entre la criminalité contingente et la criminalité permanente, entre la maladie individuelle et la maladie sociale. Les dispositions légales sur la récidive sont complètement insuffisantes pour répondre aux nécessités pratiques et à la vérité des faits; elles ne peuvent combattre la réitération fréquente des petits délits, plus dangereuse souvent que la perpétration d'un grand crime dû à la passion. Tout homme, à un moment de sa vie, dans une sorte d'égarement, est exposé à sortir pendant un instant du droit chemin. Les regrets et les remords peuvent l'accabler, et il ne sera pas toujours nécessaire d'enfermer le coupable pendant de longues années pour l'empêcher de récidiver. Les délinquants de profession, au contraire, poussés à la criminalité par la dégénérescence de l'instinct social et la prédominance des instincts égoïstes, sont une vraie menace pour la société, et ils recommencent quand on ne les met pas dans l'impossibilité de nuire.

La justice n'est pas assez fortement armée pour la lutte contre l'armée des malfaiteurs ; le système actuel de l'accumulation des petites peines est illusoire. Il rappelle ce jouet aimé des enfants, et appelé boîte à surprise, qui contient un petit diable mû par un ressort. Malgré les efforts prodigués pour le faire rentrer dans sa boîte, ce petit diable se redresse toujours, car le ressort conserve son élan. Nos tribunaux agissent de même ; ils prononcent des condamnations sans nombre ; ils voient des coupables dangereux partout et toujours ; ils frappent à coups redoublés l'hydre de la criminalité, mais ils frappent au hasard et sans distinction, et la criminalité ne cède pas. Bien loin de courber la tête, elle semble prendre un nouvel essor.

Il règne incontestablement un grand arbitraire dans notre régime de pénalité, et l'édifice se distingue bien plus par la richesse des détails que par la solidité des constructions. La justice n'est pas un pur métier ; elle est une science difficile; bien plus encore, un art compliqué. Elle demande un tact très sûr dans le maniement délicat des lois et des hommes.

III

S'il fallait prouver que nous avons négligé le mouvement de rénovation qui transformait à la fois et le droit pénal, et le juge pénal, il suffirait d'invoquer la législation hollandaise. Il s'est produit, en effet, dans le droit pénal, en Hollande, c'est-à-dire à côté de nous, une révolution que nous avons le grand tort d'ignorer.

La Hollande a vécu jusqu'au XIXe siècle sous l'empire du droit coutumier. A partir de 1813, elle a possédé le Code napoléonien. Mais, comprenant que des juges éminents avec des textes imparfaits peuvent l'emporter sur des corps anonymes avec des législations détaillées, les Hollandais ont accru les pouvoirs des magistrats, ils ont laissé à ceux-ci une certaine liberté qui leur a permis de modifier le droit formel suivant les inspirations de leur conscience [1]; ils ont ainsi, au travers des mailles des lois étrangères, développé un droit essentiellement national; et après quatre-vingts années d'études et d'efforts, ils ont abouti, en 1881, à une législation dont la place est marquée, suivant l'expression d'un éminent magistrat français, « parmi les plus belles œuvres législatives de notre temps [2] ». On n'a pas encore adressé de tels éloges au Code de 1867.

Le Code pénal hollandais, qui se compose de 474 articles, a recherché surtout la simplicité. Il conçoit, d'une façon nouvelle, à la fois la division des infractions, le système des peines et le pouvoir d'appréciation des juges, c'est-à-dire les assises fondamentales du droit pénal.

Il ne reconnaît que deux ordres d'infractions : les délits (comprenant tous les faits graves divisés chez nous en crimes et en délits) et les contraventions.

(1) Pools, *Het Nederlandsche Strafrecht*. Utrecht, 1879, p. 31.

(2) Chevrier, Discours à l'audience solennelle de rentrée de la cour de cassation de France, 4 novembre 1884.

En ce qui concerne la pénalité, il repousse également la complexité des lois anciennes ; il n'admet que deux peines privatives de la liberté : l'emprisonnement pour les infractions importantes et la détention pour les autres.

L'emprisonnement comprend le travail imposé par l'État avec une masse de réserve et le système cellulaire, dont la durée ne peut dépasser cinq ans, quel que soit le taux de la peine.

La détention comprend le travail au choix et au profit du détenu ; elle est subie en commun.

Le maximum ordinaire de l'emprisonnement est de quinze ans, le maximum de la détention est d'un an.

Le Code ne parle pas de la surveillance spéciale de la police. Il ne connaît que quatre peines accessoires : la destitution de certains droits, le placement dans une maison de travail, la confiscation spéciale et la publication du jugement.

Enfin, quant au droit d'apprécier la quotité de la peine, le juge est pour ainsi dire maître absolu. Le Code hollandais établit un maximum, mais ne fixe pas de minimum. Quelle que soit l'infraction, le juge est libre de n'appliquer qu'un jour de détention et un demi-florin d'amende [1]. C'est-à-dire que le principe de l'individualisation est consacré d'une façon complète et que la liberté de conscience du juge l'emporte sur le formalisme juridique. Cette mesure est remarquable, non seulement par l'amplitude qu'elle donne aux mouvements de la justice, mais encore par la confiance qu'elle suppose dans les hommes chargés de l'exercer.

La législation anglaise, à son tour, malgré la rigueur du Code pénal anglais, nous offre un champ d'exploration très profitable. Les analogies dans le développement du droit anglais et du droit romain sont frappantes, et l'on voit des causes identiques produire les mêmes effets.

Ici, comme à Rome, la législation a progressé sans entraves et dans un sens national, sous l'influence non de la codification, mais des légistes. Ici, comme à Rome, le pouvoir personnel du juge s'affirme, s'étend et brise l'inflexibilité de la règle, et le juge a une grande latitude d'appréciation. Ici, comme à Rome, enfin, le juge

(1) CHEVRIER, Discours à l'audience solennelle de rentrée de la cour de cassation de France, 4 novembre 1884.

a une haute situation et, par sa responsabilité comme par son influence, l'emporte de beaucoup sur la magistrature de nos pays.

La comparaison du chiffre des magistrats en Angleterre et en France est édifiante à cet égard.

En Angleterre, la cour suprême de judicature avec ses cinq magistrats, la haute cour de justice avec ses trois divisions : *Chancery Division, Queen's Bench Division* et *Probate Divorce Admiralty Division*, comptent ensemble vingt-neuf magistrats, auxquels il faut ajouter trois magistrats de la Chambre des lords et deux membres du comité judiciaire du conseil privé. Trente-quatre magistrats pourvoient aux obligations accomplies chez nous et en France par la cour de cassation, les cours d'assises et les cours d'appel. La cour de cassation de France, à elle seule, compte beaucoup plus de membres que ces hautes juridictions anglaises, et il faut plus de huit cents conseillers français pour la besogne de ces trente-quatre magistrats anglais (1).

Si nous examinons ce qu'on appelle en France

(1) STEPHEN, *History of the criminal law*, vol. I, p. 521.

le tribunal de première instance, nous voyons, en mettant en regard le tribunal de la Seine et le district de la métropole anglaise, qu'il y a pour le district métropolitain onze cours de comté avec un juge pour chacune d'elles, tandis que le tribunal de la Seine compte à lui seul quatre-vingt-sept juges [1].

La disproportion est tout aussi grande, on le sait, quand on examine le chiffre des magistrats dans notre petit pays.

La force judiciaire employée à la répression est donc bien moindre en Angleterre que chez nous. Or, on se plaint évidemment des imperfections de la loi anglaise, on se plaint de l'inégalité des citoyens devant la loi, on ne se plaint pas de ce que l'impunité accordée au crime en Angleterre soit plus grande que sur le continent. On ne dit pas non plus que la justice de nos pays ait acquis une rapidité d'allures proportionnée au chiffre des légistes de profession. Ce déploiement inouï de force numérique dans l'ordre judiciaire est donc superflu. C'est que l'organisation judiciaire anglaise s'est lentement adaptée aux besoins de la nation, tandis que nous nous sommes bornés à

(1) STEPHEN, *History of the criminal law*, livre cité.

copier servilement la France, où les hommes de loi de la Révolution, en créant leur organisation d'un trait de plume, l'ont tournée à leur profit, sans se demander si le nombre des juges ne dépassait pas les exigences de la justice.

En Angleterre aussi, il a été possible d'accorder aux magistrats une situation digne des services que l'on est en droit de leur demander. Ils ont des traitements de 40,000 (1), 125,000 (2), 250,000 francs (3). On les recrute naturellement, non point parmi les débutants qui donnent des espérances, mais parmi les légistes les plus éminents, parmi les jurisconsultes ayant fourni, pendant de longues années de pratique, des preuves indiscutables d'expérience, de capacité et de talent.

Chez nous, pour ces fonctions si importantes de la justice répressive, pour ces fonctions plus difficiles à remplir encore quand il s'agit des tribunaux inférieurs et qu'elles mettent le juge en rapport constant avec les déshérités, on prend de tout jeunes gens; on leur assure un traitement dérisoire, puis, avec une grande

(1) Juge de paix.
(2) Juge de la haute cour.
(3) Chief-justice.

sérénité d'esprit, le législateur laisse aller les choses, convaincu que le règne du droit est assuré.

La vérité, c'est qu'il est compromis. Non seulement les débutants ainsi choisis n'ont pas l'éducation sociale nécessaire, ni une notion suffisante des hommes et de la vie, mais ils n'ont pas davantage le goût de leurs fonctions. Leur ambition, c'est l'avancement, c'est-à-dire l'abandon de leur poste pour un poste meilleur. Le jour où ils ont acquis les connaissances utiles et une certaine expérience, ils s'en vont pour faire place à de nouveaux apprentis, aussi imparfaits qu'ils l'étaient eux-mêmes.

Pour remédier à cet inconvénient, on a, dans plusieurs législations européennes, imaginé le système de l'avancement sur place. Cette mesure permet d'attribuer aux juges inférieurs un traitement plus élevé en les maintenant à leur poste. L'on conserve ainsi, sans injustice, l'homme capable dans la situation qui lui convient le mieux. Le gouvernement échappe aux intrigues, aux rivalités, aux compétitions, aux sollicitations de toute nature, à la fièvre du déplacement, et il peut récompenser le mérite sans compromettre le service de la justice.

En résumé, au lieu d'être une autorité imposante et respectée, avec des attributions étendues, le juge français ou belge est un rouage infime de l'administration judiciaire, une simple unité perdue dans la foule.

Encore une fois, l'Angleterre nous présente un spectacle différent.

Il n'y a rien de plus intéressant à ce point de vue que le simple *judge of the peace*, qui correspond à notre juge de paix. Non seulement sa compétence est supérieure à celle de nos tribunaux de police, puisqu'il peut condamner à un an de *hard labour*, mais son audience fait saisir sur le vif les caractères d'une justice qui s'appuie sur les mœurs publiques. On calcule que ces magistrats jugent à Londres jusqu'à deux cent mille affaires par an. Leur prétoire est un résumé de la vie anglaise; il est ouvert à tous, et le juge y apparaît avant tout comme le protecteur des classes déshéritées (1).

Il ne se borne pas à prononcer des peines; il donne des conseils, il fournit des consulta-

(1) MITTERMAIER, *Das englische Strafverfahren*. — PH. DARYL, *La vie publique en Angleterre*. Paris, Hetzel, p. 315.

tions gratuites aux malheureux dans l'embarras. En un mot, il n'est pas seulement là pour punir, il pratique dans le sens le plus élevé du mot l'assistance judiciaire. Bien plus, il exerce la charité. Il a des fonds pour secourir, dans des cas urgents, ceux qui se présentent devant lui.

Enfin, il fait également de la justice préventive par la *recognisance to keep the peace;* c'est-à-dire que dans ces nombreux cas de violences et de querelles où nous infligeons immédiatement la peine, le juge anglais se borne à obliger les délinquants à consigner au greffe une somme d'argent qu'ils auront l'autorisation de retirer au bout d'un certain temps, s'ils ne recommencent pas. Et dans la plupart des cas, il rétablit la paix et calme les ressentiments bien mieux qu'en envoyant en prison.

Le juge des cours de comté et des cours d'assises a aussi un pouvoir plus étendu que nos juges, et l'on peut dire en résumé, en mettant en regard l'élasticité des institutions anglaises et la raideur des nôtres, que le juge dont le sentiment du devoir s'étend à mesure que son autorité augmente a entre les mains une force immense dont il peut faire un usage fécond.

Personne ne soutient que la justice anglaise

soit sans défauts, mais je pense que la conception du juge unique a de grands avantages. Le juge dont la responsabilité est toujours en éveil est supérieur, en effet, au corps irresponsable, au tribunal impersonnel dont le rôle a une tendance à devenir machinal.

Nos modestes juges de simple police, dans une sphère inférieure et trop restreinte, rendent déjà des services. On réaliserait certainement un progrès en fortifiant cette institution, en augmentant ses attributions et sa compétence et en mettant les juges de paix à même d'exercer une autorité morale équivalente à celle des juges anglais.

IV

Assurément, l'introduction du juge unique et l'accroissement des pouvoirs du juge ne sont pas des réformes que l'on puisse aisément obtenir dans un pays où l'on s'ingénie bien plus à empêcher les hommes de faire le mal qu'à leur permettre de fairè le bien.

A côté de ces mesures, cependant, il en est d'autres plus immédiatement réalisables.

Je veux d'abord parler de la façon dont nos

tribunaux fixent la quotité des peines. Ils n'obéissent pas, à cet égard, à des règles bien déterminées et, malgré l'uniformité de la loi, de grandes divergences de vue règnent en cette matière. La pénalité varie du tout au tout suivant les arrondissements judiciaires. Pourtant, le principe à suivre est bien simple : nous sommes trop indulgents à l'égard des récidivistes, nous sommes trop sévères à l'égard de ceux qui débutent dans la criminalité.

Quand un délinquant comparaît pour la première fois en justice et que sa faute est légère, le juge qui le condamne à la prison a souvent tort et devrait se rappeler la parole de Bentham : « Si l'on pouvait arrêter le délinquant par le paiement d'un shelling, la mort serait une injustifiable cruauté, et la prison, une monstruosité. »

A quoi bon, sans nécessité absolue, mettre en prison un chef de famille, le vouer à l'infamie, le compromettre aux yeux de ses compagnons de travail, de sa femme et de ses enfants? N'est-ce pas condamner ceux-ci d'une façon certaine à l'abandon, à la gêne, à la mendicité? N'est-ce pas joindre, à la misère qui est le fait du destin, une misère qui est le fait de la justice ? N'est-ce pas, enfin, en dégradant et en ruinant le délinquant, le livrer aux suggestions du désespoir et risquer d'en faire un récidiviste ?

Il y a moyen de trouver autre chose que la prison. Il y a moyen de réaliser, dans une certaine mesure, les idées de Bentham et de Spencer sur la nécessité de diminuer la contrainte physique de la prison, au profit de la contrainte par l'amende et le travail. Ce ne serait, d'ailleurs, qu'une sorte de retour à l'ancien droit, qui déclarait quelques infractions rachetables moyennant finances.

Pourquoi, si le délinquant est solvable, ne pas le condamner à l'amende? Pourquoi, s'il est insolvable, ne pas lui imposer, surtout à la campagne, quelques journées de travail au profit de l'État ou de la commune, et éviter ainsi de faire d'un malheureux un criminel?

Le premier devoir du juge ici, c'est de se montrer paternel.

Le patronage des condamnés libérés par l'État est une très belle idée. Il y a quelque chose de mieux encore, c'est le patronage des classes inférieures par les classes supérieures. Le magistrat est dans une excellente situation pour l'exercer, et il peut agir avec succès vis-à-vis des délinquants de cette catégorie.

Dans un grand nombre de cas, quand il s'agit, par exemple, de contraventions commises par de pauvres diables, la pénalité ordinaire est inutile et donc cruelle. Que font cinq jours de prison, en cas de tapage nocturne? Ils n'amélioreront pas le coupable, qui n'a pas besoin, dans ce cas, de l'isolement cellulaire pour être ramené au bien; mais ils peuvent le perdre. Que le magistrat acquitte sans crainte l'individu qui, dans ces conditions, comparaît pour la première fois devant la justice. Qu'il lui adresse une semonce, et peut-être la leçon sera-t-elle suffisante et aura-t-on retenu un homme au bord de l'abîme.

De même, beaucoup de délits troublent les conditions normales de la vie sans mettre l'ordre social en grand péril : les petits larcins, les fraudes, les escroqueries, quand le préjudice est minime, sont des faits de cette nature. Nous sommes bien sévères en infligeant des mois de prison pour des détournements insignifiants, commis par des misérables dans des garnis, des bataillons carrés, des taudis où ils grouillent, confondus, sans une notion exacte du mien et du tien. Que de fois ces soustractions ont pour objet un vieux bas troué, un mouchoir usé, un essuie-mains, une nippe informe, quelques centimes! que de fois la condamnation à la prison a fait plus de tort à la société que l'acte incriminé lui-même!

Assurément, les juges n'ont pas à tolérer ces infractions; je dis seulement que l'élément civil y a une grande place, qu'il prédomine même parfois et qu'il doit l'emporter aussi dans la répression.

Dans ce domaine, il faut plus de latitude au magistrat. Ce dernier mesurera la peine à la faute, en consultant non pas des textes précis, mais sa conscience et son cœur; et pour cela, il choisira entre les peines suivantes :

1° L'avertissement avec acquittement;

2° Le jugement de blâme avec une peine pécuniaire qui sera, suivant le degré de solvabilité du délinquant, l'amende ou des journées de travail;

3° La prison, avec cette distinction que dans certains cas le jugement sera immédiatement exécutoire ; dans d'autres cas, au contraire, le jugement ne sera exécuté que si le délinquant comparaît de nouveau devant la justice. C'est-à-dire que la peine d'emprisonnement serait prononcée avec menace d'exécution pour le cas de rechute;

4° En cas de rixes, coups, injures, le dépôt d'une caution, comme en Angleterre, pour un temps à déterminer.

Je ne parle, bien entendu, que du délinquant d'accident. Autant il y a lieu d'être tolérant pour le novice, autant la rigueur est nécessaire à l'égard des récidivistes. Il faut entendre par récidivistes non pas les délinquants qui rentrent dans le cadre étroit tracé par les articles 54 à 57 de notre Code pénal, mais la légion, bien plus nombreuse, des habitués de la petite criminalité, auxquels ce texte ne s'applique pas.

Le Code pénal de 1867 ne punit la récidive de délit sur délit que dans certaines conditions (notamment une condamnation antérieure d'un an d'emprisonnement au moins).

Or, la réitération d'une foule de petits délits, qui ne sont pas frappés d'un an de prison, caractérise bien la vraie récidive dans le sens social. Le code ne prévoit pas non plus les récidives de crime sur délit, bien que le délinquant d'habitude qui passe du délit au crime soit à coup sûr un récidiviste dangereux.

C'est donc précisément quand il faudrait sévir que le législateur et le magistrat font preuve d'indulgence. A la réitération des petits délits, ils n'opposent que la réitération des petites peines. Ils se trompent. Le seul système logique et efficace dans ce cas, c'est l'aggravation progressive de la pénalité, c'est, dès la première rechute, une sévérité plus grande. La justice trouve devant elle l'armée des délinquants endurcis; à leur égard, le problème est d'une simplicité élémentaire.

La société doit combattre la criminalité et diminuer la récidive par ses institutions sociales et des mesures préventives. Une fois la légion des récidivistes formée, la peine a peu d'effet sur eux, et la peine de courte durée moins que toute autre encore. La science anthropologique et médicale recherche s'il y a parmi ces délinquants des types anormaux dont la place est plutôt dans des asiles que dans des prisons; c'est la mission du médecin. Quant au législateur, il ne peut avoir qu'un résultat en vue : mettre les incorrigibles dans l'impossibilité de nuire. On discutera quel sera le genre de la peine; on examinera ce qui vaut mieux, de la prison ou de la transportation, et si l'on choisit la prison, on se demandera lequel prévaudra, ou du régime cellulaire, ou du régime Crofton, ou du régime commun. Le dernier mot n'est pas dit sur ces graves questions; je les examine plus loin. Mais tout le monde sera d'accord sur un point : la nécessité d'une longue privation de la liberté, l'absurdité des peines de courte durée, et l'erreur de ceux qui espèrent amender de tels coupables par un séjour passager dans une cellule [1].

A côté de la distinction entre les débutants et les récidivistes, il y a une autre distinction à faire entre les délits publics et les délits privés, c'est-à-dire entre ceux où domine l'intérêt social et ceux où domine l'intérêt individuel. Pourquoi n'appliquerait-on pas à tous les délits privés de peu d'importance la mesure que l'on admet aujourd'hui en matière de calomnie et d'adultère et qui consiste à ne

[1] En France, M. Bérenger a déposé en 1884 un projet de loi sur l'aggravation progressive des peines en cas de récidive et sur leur atténuation en cas de premier délit. (Voir *Journal des Débats*, 24 et 27 août 1884.)

poursuivre le délinquant que s'il y a plainte de la partie lésée? Le Code hollandais de 1881 a considérablement multiplié le nombre des cas où la plainte du particulier seule autorise le parquet à agir.

Cette innovation est rationnelle et conforme à la nature des choses : l'institution du ministère public a régularisé l'ancien système de l'accusation privée; il n'est pas logique que l'institution nouvelle aille plus loin que celui-ci. Quand, dans un délit privé minime, l'intérêt privé est satisfait et qu'il n'y a pas de plaignant, l'atteinte au droit est réparée, et la société, en poursuivant encore, n'exerce plus que le droit de vengeance. Le ministère public doit protéger tous ceux qui ne savent pas se défendre; il n'a pas, dans les petits délits privés, à protéger ceux qui, capables de faire valoir leurs droits, déclarent n'avoir rien à réclamer.

Dans la procédure pénale, d'immenses progrès ont été réalisés; en ce qui concerne la liberté et les droits de l'accusé et la discussion des preuves, de salutaires réformes ont déjà été accomplies.

En droit pénal, il n'en est pas de même; les

doctrines nouvelles n'ont eu d'action ni sur nos lois, ni sur notre jurisprudence. Le respect de la forme l'a emporté sur les aspirations vers le progrès, et nous sommes restés stationnaires.

Partout, en Italie, en France, en Allemagne, en Hollande, en Angleterre, on discute et on résout des problèmes dont nous ignorons l'existence.

Regardons de haut le fonctionnement de la justice pénale et nous remarquerons quelque chose de rigide, d'immobile, d'impénétrable. Nous aurons l'impression d'une colossale et puissante machine qui marche avec l'inconscience des choses fatales.

Eh bien, nous pouvons faire en sorte que la science pénale ne reste pas pour ainsi dire ésotérique. Efforçons-nous d'obtenir qu'elle s'appuie plus sur les réalités sociales que sur des textes abstraits.

Les héliastes en Grèce, les *Quæstionæ perpetuæ* à Rome, les échevinages flamands nous font entrevoir une justice vivante, dont les décisions vibraient à l'unisson de la conscience nationale et qui, en resserrant les liens entre les juges et les justiciables, contribuaient à répandre et à fortifier la grande idée du droit. De leur côté, les magnifiques préceptes du roi Asoka nous montrent, dans l'Inde antique, le juge pénétré de miséricorde pour les petits, et l'ancien droit français nous conserve l'image patriarcale de Louis IX assis sous le chêne de Vincennes et rendant justice à tout venant dans la simplicité de son âme.

Assurément, la perspective des siècles prête au passé un éclat lumineux. Il en est des temps anciens comme des souvenirs d'enfance : il suffirait parfois de les faire revivre pour qu'ils perdissent leur charme souverain. Mais en songeant à ces juges d'autrefois, on oublie le système des peines, et il semble par instants que l'on voie se dresser derrière notre justice, esclave de la lettre, une justice idéale, une loi sévère pour les méchants, les mauvais, les puissants qui abusent de leurs forces, les vicieux et les endurcis; douce et clémente pour les humbles, les faibles, les malheureux.

Notre vieille Europe n'est plus faite pour une justice naïve, mais on peut souhaiter que la justice moderne se dégage des brouillards qu'un excès de science a accumulés autour d'elle. On peut demander qu'elle redevienne, non pas plus naïve, mais plus simple ; qu'elle rentre en elle-même et retrouve, à travers l'enchevêtrement des prescriptions écrites et des formules routinières, dans les pures inspirations de la conscience, ces règles éternelles que le cœur et la raison dictent aux hommes de bonne foi.

CHAPITRE V.

I. Le régime pénitentiaire. — Système cellulaire. — II. Le travail cellulaire. L'instruction. Les visites. — III. Système progressif. — IV. Nécessité d'une classification méthodique des condamnés. — V. La surveillance spéciale de la police.

I

« La question pénitentiaire, a dit M. d'Haussonville, se rattache à la grande question sociale, auprès de laquelle toutes nos divisions politiques sont bien secondaires [1]. » Il est, dans tous les cas, peu de problèmes d'un ordre aussi élevé et d'une solution aussi difficile que celui qui consiste à savoir comment il faut traiter des citoyens que la justice a frappés d'une peine.

Cette difficulté est inhérente à la société moderne, nos ancêtres ne la connaissaient pas; ils envoyaient le coupable à la torture, aux galères, au bourreau ou en exil, mais ils

(1) *Établissements pénitentiaires*, enquête parlementaire, vol. VI, p. 11.

n'avaient aucune notion de ce que nous appelons le régime pénitentiaire.

Notre société est la première qui admette la possibilité de concilier l'ordre public avec le respect de la personne et de la vie des condamnés. Non seulement nous conservons le criminel, mais nous finissons généralement par le libérer; et c'est notre honneur de chercher à lui assurer des conditions d'existence dont l'ancien régime n'avait nul souci.

La prison est ainsi, plus que jamais, au premier plan des grands intérêts publics; elle est devenue la clef de voûte de l'édifice répressif. Les tendances humanitaires du XIXe siècle, la répulsion des peuples civilisés à appliquer la peine de mort augmentent encore le rôle des établissements pénitentiaires.

Jadis coin obscur du sombre enfer de la répression, la prison est, au XVIIIe siècle, la maison où le détenu subit sa captivité. Mais l'autorité, convaincue d'avoir, à l'égard de ce dernier, accompli son devoir en lui laissant la vie, ne lui accordait guère autre chose; elle le laissait croupir dans les bouges trop souvent décrits, où toutes les souillures, toutes les débauches et toutes les hontes étaient confondues. Aujourd'hui, la prison est une institution de réforme. Les gouvernements ont donc dans ce domaine débuté par la cruauté; plus tard, ils se sont bornés à l'indifférence pour finir par l'humanité. Ils essayent d'arriver sans violences ni rigueurs, par le seul ascendant moral, à l'amendement du coupable et, pour atteindre ce but, ils mettent en œuvre des forces multiples.

Rien n'est plus digne de respect que le développement de la science pénitentiaire. Il faut admirer les efforts des hommes de cœur qui ont enfanté le régime cellulaire belge. La comparaison entre les repaires d'autrefois et les monuments d'aujourd'hui révèle la puissance de leur généreuse initiative.

Quand, à travers les écrits de M. Ducpétiaux, on revoit les horribles prisons où les classes sociales, les âges, les sexes, vivaient dans une hideuse promiscuité, dans une oisiveté dégradante, dans une corruption effrénée, qui faisait de ces établissements des écoles de crimes, et que l'on visite ensuite nos grands pénitenciers, où règne le solennel silence des vieux cloîtres, où dans les hautes galeries solitaires plane une sorte de paix lourde et mélancolique, et où les cellules s'alignent avec l'inexorable rigidité des tombeaux, on s'imagine, à voir cette prodigieuse transformation, ce passage d'un épouvantable désordre à une discipline de fer, que la science ait dit son dernier mot.

En est-il bien ainsi ?

Assurément, le spectacle d'une maison cellulaire frappe vivement l'esprit du visiteur. Partout l'ordre, la régularité, l'air, la lumière, la propreté. Partout des mouvements exécutés militairement et en silence. Partout l'apparence du calme, de la soumission, de l'apaisement, en un mot, d'un mécanisme admirablement réglé et où rien n'est laissé au hasard. Mais remarquons-le bien, la question n'est pas de savoir seulement si les prisons ont été améliorées, mais si nous améliorons les hommes. Le régime cellulaire n'a pas eu uniquement un but négatif, celui d'écarter les dangers de la vie en commun; il s'est donné surtout une tâche positive : corriger les coupables.

Si l'on dépense tant d'argent pour l'œuvre pénitentiaire, si l'on fait des constructions si luxueuses, si l'on pratique à l'égard du détenu un véritable socialisme d'État, comme je le disais plus haut, c'est avec l'espoir de restituer à la société un citoyen utile.

M. Tesch disait, à la Chambre des représentants, le 12 mai 1853 : « Quand chaque cellule devrait coûter 10,000 francs, je voterais encore le régime cellulaire. » Et, en tenant compte de l'énorme capital engagé dans l'œuvre pénitentiaire et de l'intérêt de ce capital, nous sommes, pour certaines cellules, relativement assez près de ce chiffre (1). Si le résultat désiré est atteint, si, par les moyens moraux et économiques, nous arrivons à faire du condamné un honnête producteur, personne ne soutiendra que la dépense soit exagérée.

Obtenons-nous cette régénération? Le régime cellulaire belge est-il le mieux approprié à ce but? Un autre système est-il possible? Telles sont les questions dont l'Europe s'occupe depuis longtemps et qu'il est essentiel d'examiner sans parti pris. La Belgique a encore des prisons à construire. Il est d'autant plus important pour elle d'étudier les perfectionnements dont ses institutions répressives sont susceptibles, qu'elle n'est pas toujours suivie par l'étranger dans la voie où elle est engagée.

Je pense qu'il est arrivé chez nous ce qui arrive souvent quand on poursuit logiquement

(1) 6,000 à 7,000 francs.

une idée nouvelle, quand on crée une science de principes purs, en négligeant les faits et les hommes.

La haine légitime et justifiée du régime commun a provoqué une réaction en sens contraire et l'on a ainsi, par une pente naturelle de l'esprit humain, été amené à exagérer le système.

Le régime belge, c'est la cellule de nuit et de jour.

L'emploi du temps est réglé comme suit (1) :

Repos, sommeil.	8	heures.
Nettoyage, toilette	3/4	—
Repas, lectures, repos. . . .	2	—
Promenade solitaire dans les préaux	1	—
École	1	—
Travail	11 1/4	—

Le tempérament apporté à l'isolement, ce sont les visites du personnel et parfois, à des intervalles déterminés par les règlements, les visites des parents au parloir en présence du gardien (2).

En dehors de ces communications passa-

(1) STEVENS, *Les prisons cellulaires*, p. 61.

(2) A l'école et à la chapelle, les détenus sont également isolés dans leurs stalles.

gères, le monde extérieur est fermé pour le détenu; tout converge vers la solitude et, en vertu de la loi du 4 mars 1870, elle peut se prolonger pendant dix ans.

Pour juger cette conception, il importe, avant tout, de remonter aux origines du grand courant qui a balayé les anciennes prisons.

L'idéalisme humanitaire qui, en Amérique d'abord, a poussé les puritains et les quakers à chercher dans la vie cellulaire le remède contre le crime, était fondé sur la théorie de la perfectibilité indéfinie de tout homme, sur cette conviction d'une âme croyante que la solitude provoque inévitablement le repentir et ramène invinciblement au bien.

Or, cette pensée peut soutenir l'apôtre s'adressant à des fidèles, elle n'est pas une base solide pour l'État s'adressant aux classes criminelles. L'idéal n'a de prise que sur une minorité d'esprits d'élite.

L'homme moyen, et en particulier le délinquant, ne plane guère dans les régions métaphysiques. C'est un être complexe; pour agir sur lui, il ne suffit pas d'élaborer des règlements, il faut le voir tel qu'il est, avec ses passions, son tempérament, ses dispositions héréditaires, physiques et morales, ses infirmités ; il faut surtout ne pas méconnaître sa nature indélébile, qui en fait un être sociable et constitué uniquement pour vivre en société.

Voir en lui un pur esprit, capable de se dégager de tous les liens terrestres, de se détacher de toutes les influences extérieures, pour subir au fond d'une cellule des impressions bienfaisantes et moralisatrices, c'est créer de toutes pièces un être imaginaire et fonder un système sur une fiction.

Le régime cellulaire a certainement des vertus : sa plus grande vertu est d'empêcher les abus de l'ancien régime de la promiscuité. Gardons-nous seulement de voir en lui une panacée universelle capable d'agir sur toute les volontés coupables ; gardons-nous de croire que l'homme puisse, en général, supporter impunément un isolement cellulaire prolongé.

M. Bérenger disait, le 22 mars 1884, au Sénat français [1] : « Nous ne partageons plus les illusions du gouvernement de Juillet sur la vertu de la cellule. On disait alors que la cellule faisait germer dans le cœur le plus corrompu des réflexions salutaires, que l'isole-

[1] Sénat, *Annales parlementaires*, mars 1884, p. 730.

ment avait l'heureuse vertu de rendre le condamné meilleur. *Nous ne tombons pas dans ces exagérations*; mais nous avons la certitude qu'il l'empêche de devenir pire, ce qui est déjà beaucoup. On peut, de plus, espérer qu'il sera plus accessible aux bonnes influences. Personne n'a la pensée de laisser dégénérer la cellule en une véritable torture, d'en faire un instrument de barbarie; *nous ne voulons pas que l'isolement soit trop long*, ni qu'il soit absolu. Sur le premier point, la loi de 1875 l'a limité aux peines d'un an au maximum. »

Et M. Herbette, directeur de l'administration pénitentiaire, disait dans la même séance [1] : « Lorsqu'on veut maintenir en cellule un être condamné à des années de solitude, on peut se demander si son activité intellectuelle et son tempérament résisteront assez à une telle épreuve. Toute claustration pouvant produire l'anémie, celle-ci peut provoquer des effets d'autant plus réels, qu'elle sera plus étroite, faisant mouvoir l'homme, non dans l'enceinte d'un atelier ou d'un préau, mais dans cette prison individuelle qu'on nomme la cellule. »

Les réserves que font MM. Bérenger et Her-

(1) Sénat, *Annales parlementaires*, mars 1884, p. 757.

bette sont bien justifiées. La cellule, appliquée pendant un certain temps, peut ne pas nuire à l'homme de génie se suffisant à lui-même et se livrant à un travail intellectuel; elle peut, dans les mêmes conditions de durée limitée, ne pas nuire à la brute végétant sans idées ni aspirations. Un philosophe qui veut créer une œuvre de l'esprit aimera peut-être la solitude, le croyant ou l'ascète s'absorbera dans des méditations religieuses, la brute continuera à végéter. Mais comment espérer que la cellule développe jamais chez le délinquant moyen des tendances morales ou des instincts sociaux?

M. Beltrani Scalia, l'ancien inspecteur général des prisons d'Italie, devenu plus tard directeur général de l'administration pénitentiaire, le savant qui, en Europe, a fait les études les plus approfondies sur ces questions spéciales, écrivait dans son beau livre sur la *Réforme pénitentiaire en Italie* (1) : « Le régime cellulaire considère l'homme comme un frère de la Trappe. »

La règle de la maison pénitentiaire, en effet, c'est la règle monastique, l'obligation du silence et du travail, la méditation et les privations.

(1) Beltrani Scalia, *Riforma penitenziaria in Italia*, p. 126.

Mais il y a entre les deux disciplines une énorme différence : celle-ci est acceptée librement et volontairement, la première est toujours imposée. Le trappiste entre au couvent par vocation et compte y mourir ; le délinquant est en prison malgré lui et compte en sortir un jour. Et ce jour-là, quand même de longues années de cellule auraient brisé en lui tout ressort, toute initiative, toute énergie, alors même qu'il est préparé surtout pour la vie contemplative, il doit reprendre le combat pour l'existence ; il doit recommencer la lutte pour le pain quotidien au milieu des préjugés, des défiances et des craintes de ses semblables ; il doit, en un mot, combattre des difficultés bien supérieures à celles qu'il rencontrait avant son entrée en prison et qu'il n'a pu surmonter.

La vérité, c'est que la théorie de l'emprisonnement cellulaire à long terme ne tient pas un compte assez exact de l'homme vivant et agissant. Entrons dans une prison cellulaire, les natures les plus diverses y subissent une règle identique : et les dégénérés que rien ne pourra plus relever, et les pervers dont l'instinct est indomptable, et les hésitants qui offrent une chance de régénération, et les bons qui ont commis une faute passagère. Le régime qui convient aux uns n'est incontestablement pas le meilleur pour les autres.

Bornons-nous, pour le moment, aux êtres faibles et indécis, sur lesquels une action réformatrice peut s'exercer, et demandons-nous où se trouvent les moyens efficaces d'amendement.

Est-ce bien la cellule? Est-ce bien la solitude prolongée, l'uniformité, la lente agonie morale, les jours succédant aux jours, dans le néant de la pensée, et apportant, avec la mélancolie, la débilitation physique et intellectuelle?

Je ne le pense pas.

Le détenu étant un être social, son perfectionnement peut-il jamais être autre chose qu'un perfectionnement social; son amélioration peut-elle jamais avoir une autre signification que l'appropriation de plus en plus complète de l'homme au milieu social?

On parle beaucoup de la vie morale du détenu. Il n'y a pas deux vies morales, l'une pour le monde, l'autre pour la cellule. Les conditions de la vie morale sont partout les mêmes. Elles supposent la lutte, elles doivent tendre nécessairement à former le caractère, à aguerrir la volonté, à développer les tendances sociales au détriment des instincts égoïstes.

La cellule ne donne que le pastiche de la vie morale ; elle exclut la lutte ; elle réduit le bien et le mal à des quantités absolument négligeables, à l'observation ou à l'inobservation du règlement. Le bien, c'est la soumission, la ponctualité, le calme, la politesse envers les gardiens. Le mal, c'est l'indiscipline, la paresse, la dégradation du mobilier, les tentatives de communication. Il en est de même, d'ailleurs, des rigueurs et des adoucissements à apporter au traitement du détenu. La sévérité, c'est la réduction de la ration, c'est-à-dire la mise au pain et à l'eau ; ou la réduction de la quantité d'air et de lumière nécessaire à l'être humain, c'est-à-dire la mise au cachot. La récompense, c'est le supplément de la cantine, la bière, le tabac, parfois des fleurs ou un oiseau (1), etc. Une vie morale renfermée dans un cadre aussi restreint n'a plus rien de commun avec la moralité sociale. Il y a, d'ailleurs, à ce point de vue, un argument qui doit frapper tout le monde. Admettons un instant ce minimum de

(1) BELTRANI SCALIA, livre cité.

vie morale, encore apercevons-nous le moment où la cellule doit perdre nécessairement même ce minimum d'influence, et où le détenu est définitivement adapté à son milieu. Ce jour-là, il ne sera plus question d'action éducatrice. Cela est si vrai, que les meilleurs détenus, les plus dociles, ceux qui donnent le moins d'embarras au personnel des prisons, ce sont presque toujours des repris de justice, ayant l'habitude de la cellule et de ses règlements.

II

L'isolement, il est vrai, n'est pas le seul élément de moralisation offert par le régime cellulaire. Il faut y ajouter le travail, l'instruction et les visites du personnel.

En ce qui concerne le travail, s'il faut y voir un immense progrès sur le désœuvrement des anciennes salles communes, encore une fois tout le monde sera d'accord ; s'il faut y voir un élément certain de régénération sociale, on se fait de grandes illusions.

Le travail social est la plus féconde des forces, le plus puissant des remèdes contre les passions et les vices. Toutefois, le travail cellulaire et le travail libre sont aux antipodes. Un abîme les sépare. Le travail cellulaire, c'est le travail étouffant de l'esclave romain dans l'ergastule ; le travail libre, au contraire, c'est l'intensité et l'épanouissement de la civilisation moderne, la manufacture, l'usine, la ruche industrielle, dans la fièvre de sa virile activité, la combinaison des efforts collectifs encore décuplés par l'intervention croissante de la force motrice, enfin l'émulation, la concurrence produisant des perfectionnements incessants avec une habileté technique toujours plus grande.

L'homme qui a passé de longues années en cellule n'est pas armé pour cette mêlée et n'a rien de ce qu'il faut pour y réussir. Au point de vue du travail libre, il est atrophié ; il est réduit au rôle de machine. On a réglé sa vie dans les moindres détails, on a prévu ses mouvements. Il n'a dû s'occuper de rien. L'État lui a donné la faculté de ne plus penser ou agir par lui-même. On l'a certainement protégé contre le mal, soustrait à toutes les tentations. Mais on l'a malheureusement, en même temps, soustrait aux nécessités de la lutte quotidienne. Il a désappris la vie, et plus la détention sera longue, plus grandes seront son inexpérience et sa faiblesse, quand il s'agira de reconquérir une place au soleil.

De deux choses l'une : ou bien le détenu est resté un délinquant dangereux, et alors, même après de longues années de cellule, il est insensé de le libérer ; ou bien il aura d'excellentes intentions, et alors on a tort de l'isoler si longtemps et de le restituer à la société dans des conditions aussi désastreuses pour lui. Le régime cellulaire prolongé renferme ici une contradiction flagrante.

Si toute communication des détenus entre eux est de nature à compromettre l'œuvre de l'amélioration, comment expliquer qu'on puisse impunément libérer des condamnés et les faire passer soudain de l'isolement absolu à la liberté complète? S'il y a du danger à faire un triage parmi les détenus et à en soumettre une certaine catégorie au régime commun, comment espérer que la société accueille jamais un condamné libéré et lui accorde l'ombre d'une confiance, quand les directeurs de prison, en le maintenant dans l'isolement, ont prouvé qu'il n'en méritait aucune?

Ces considérations acquièrent plus de gravité encore quand on réfléchit aux inextricables difficultés de l'organisation du travail dans les prisons, et au nombre limité de métiers qui peuvent s'exercer dans les quartiers cellulaires.

Puisque le détenu amendable est destiné à rentrer un jour dans la société, le travail pénitentiaire doit nécessairement réunir deux conditions essentielles. L'une est physique, elle consiste à conserver aux détenus la santé et la force. L'autre est économique, elle consiste à développer chez eux les aptitudes professionnelles.

Quant à la première condition, le régime cellulaire a une action débilitante. C'est un problème physiologique des plus compliqués que de combattre la dénutrition du détenu soumis à de longues années de cellule. Ducpétiaux disait qu'il faut aux reclus une nourriture plus substantielle que celle qui est nécessaire à la majorité des ouvriers libres (1).

Il serait plus juste de dire qu'il leur faut une nourriture calculée en vue de la compensation exacte des pertes quotidiennes subies par leur organisme. Il serait pour ainsi dire

(1) DUCPÉTIAUX, *Du régime alimentaire dans les maisons centrales*. (*Annales d'hygiène publique*. 1875, p. 336.)

nécessaire d'étudier le tempérament et la constitution de chaque condamné, et de combiner pour chacun la proportion des éléments azotés, carboniques et albumineux, suivant ses besoins individuels. Cela est évidemment impossible. Et d'ailleurs, nous nous heurterons toujours à une difficulté pour ainsi dire insoluble : la vie cellulaire diminue les besoins et ralentit les fonctions ; le chiffre de la consommation journalière du détenu devient de plus en plus restreint par suite de la réduction progressive de son bilan physiologique, et s'il est possible de trouver une alimentation qui empêche la maladie, on n'en trouvera pas qui empêche la déperdition des forces (1).

Le contrepoids devrait être cherché dans un travail énergique, activant la circulation. Or, ce genre de travail est rare. Les menuisiers et les forgerons sont une minorité dans la population des prisons. La plupart des travaux que l'on donne aux condamnés ne représentent qu'une faible dépense de force musculaire. A une époque comme la nôtre, où la production est considérablement ralentie

(1) Eckert, *Blätter für Gefängnisskunde*, p. 331. Heidelberg, 1884.

et où la difficulté de trouver un travail quelconque est énorme, il devient nécessaire de donner aux détenus des maisons secondaires de simples occupations, telles que le tressage de la paille et du rotin, la confection de sacs et de sachets, le bobinage, etc., qui n'ont d'autre but que de soustraire le prisonnier à une inactivité absolue.

Quant à la question professionnelle, elle est plus délicate encore. Il ne suffit pas de donner une tâche aux détenus; le but poursuivi, c'est de leur apprendre un métier. Il importe donc avant tout de leur fournir un travail en rapport avec leurs aptitudes d'origine; de leur procurer pour le jour de la libération un gagne-pain sérieux. La prison devrait être, comme le dit fort bien M. Stevens, une école professionnelle [1].

Or, cela est-il possible? Les obstacles à vaincre ne sont-ils pas insurmontables? Ce n'est pas seulement que le champ d'activité industrielle des prisons cellulaires soit fort restreint; ce n'est pas seulement la supériorité des moyens de production de l'industrie libre, supériorité tellement évidente que l'entrepre-

[1] STEVENS, *Les prisons cellulaires*, p. 159.

neur n'a pas intérêt à s'adresser à l'administration pénitentiaire, et que la recherche du travail est, pour celle-ci, un problème de tous les instants; il faut y ajouter la peine que l'on éprouve à façonner un bon ouvrier, capable de soutenir plus tard la concurrence. On doit compter avec la paresse du détenu, on doit compter aussi avec les petites condamnations, avec cette population flottante se transformant incessamment; car, à côté des maisons centrales, existent les maisons secondaires, avec les petits délinquants, et ceux-ci forment l'immense majorité. Il faut beaucoup de temps dans l'industrie libre pour créer un ouvrier expert dans son métier; il en faut bien plus encore dans les établissements cellulaires. L'apprentissage d'un détenu qui travaille toujours seul, sans l'exemple du compagnon d'atelier, sans la moindre émulation, est pénible; il exige un personnel très expérimenté et très nombreux. Une administration ne parviendra que difficilement et au prix de bien grands sacrifices à recruter un corps de contre-maîtres ayant le zèle, le dévouement et l'aptitude indispensables à l'enseignement professionnel. Et, en admettant même qu'elle y arrive, jamais les conseils et les exemples donnés rapidement par un maître dans une cellule ne remplaceront l'enseignement permanent et intuitif de l'atelier, où l'on apprend expérimentalement, et rien que par le contact journalier d'un voisin plus habile, jusqu'aux finesses du métier.

« Nous avons remarqué, dit M. Stevens, que beaucoup de libérés ne continuent pas la profession qu'ils ont apprise en prison. C'est un malheur qui tient à deux causes : la première, c'est que souvent le détenu n'a pas eu le temps de se perfectionner dans le métier qu'on lui a enseigné ; la seconde, c'est que la plupart du temps le travail dans les prisons est fait autrement que dans l'industrie privée... Le détenu qui sort de prison sait faire une paire de souliers militaires, mais est incapable de confectionner des chaussures pour le commerce [1]. »

Cette observation, due à l'expérience personnelle de M. Stevens, confirme absolument ce que nous venons de dire sur l'infériorité du travail cellulaire et l'impossibilité de faire, dans les prisons ainsi organisées, de la véritable éducation professionnelle.

(1) STEVENS, *Régime des établissements pénitentiaires*, p. 77.

Mais le travail cellulaire soulève un problème plus grave encore. Malgré le rôle des grandes villes dans le développement de la criminalité, le territoire rural qui forme la plus grande partie du sol belge [1] est, cela va de soi, fortement représenté dans les prisons. Ce fait est, comme le dit M. Beltrani Scalia, le nœud de la question [2].

La mission du législateur est de réagir contre le dépeuplement des campagnes, de combattre l'abandon des villages au profit des villes. Le régime cellulaire actuel aboutit au résultat contraire; il donne aux ruraux une profession urbaine et favorise le mouvement d'émigration qu'il faudrait entraver; il fait d'un bon cultivateur un ouvrier médiocre, il suggère à ce cultivateur la pensée de se jeter dans les milieux industriels et, bien loin de le reclasser, le déclasse ainsi davantage. Voyez ces robustes campagnards, tombés souvent par excès de vigueur et de santé, assis de longues

(1) D'après le recensement général de 1880, il y avait, sur 2,945,715 hectares, 2,704,956 hectares livrés à l'agriculture, avec une population agricole de 1,199,318 individus. (Statistique de la Belgique. Agriculture. Recensement général de 1880. 1re partie.)

(2) BELTRANI SCALIA, *Riforma*, p. 156.

années entre les murs étroits d'une cellule! Le spectacle est triste; il semble que l'on voie cette réserve d'énergie, de force musculaire, de virile exubérance que les régions rurales conservent pour les besoins sociaux, se dissiper lentement dans l'isolement prolongé de la prison!

J'arrive à l'instruction. Ici règne encore dans les esprits une grande confusion, et le mot d'instruction donne lieu à un malentendu. Une arme puissante contre la criminalité, c'est l'éducation sociale; elle résulte de la vie, de l'expérience, du milieu, de cet ensemble permanent de circonstances externes qui détermine la conduite et le caractère. Mais entre l'éducation de tous les instants et l'instruction qui consiste à donner pendant un certain nombre d'heures des notions de lecture, d'écriture et de calcul, un abîme existe.

L'instruction est un des nombreux facteurs du développement de l'individu; elle agit en bien ou en mal; elle rend l'homme accessible aux bonnes ou aux mauvaises influences; la lecture, l'écriture, le calcul sont des instruments; on peut s'en servir pour lire des livres obscènes, pour commettre des faux ou pour combiner des malversations, absolument comme on peut s'en servir pour accroître le patrimoine intellectuel et moral.

L'instruction n'a jamais empêché un magistrat de l'ancien régime d'appliquer la torture, un despote de déclarer une guerre injuste, un fanatique politique ou religieux de brûler et d'exterminer ses adversaires. Elle n'empêche pas davantage un être aux instincts criminels de commettre des crimes. « Le savoir devient moralisateur, dit M. Fouillée, quand il n'est plus un outil, mais un art (1). »

L'histoire de la criminalité démontre à toute évidence le rôle accessoire de l'instruction et le rôle prédominant de l'éducation dans ce domaine (2).

La destruction et la détérioration des machines étaient jadis un délit répandu; la classe ouvrière voyait dans la force mécanique une ennemie. Ce délit a pour ainsi dire disparu. L'ouvrier, pendant les périodes de prospérité, s'est habitué à considérer la machine comme une source de richesse, et il la respecte.

(1) FOUILLÉE, *Revue des Deux Mondes*, septembre 1884.

(2) PIKE, *A History of crime in England*, vol. II, p. 532 et suiv. Londres, 1876.

Les vols de grand chemin, si fréquents jadis, ont, à leur tour, considérablement diminué, non pas sous l'influence de l'instruction, mais sous l'influence de la civilisation générale, qui a amélioré les routes, organisé l'éclairage et la surveillance.

Les crimes d'incendie ont perdu de leur gravité depuis que les progrès de la construction en ont rendu la perpétration plus difficile; et de même, le crime de fausse monnaie, autrefois pour ainsi dire incessant, recule, non devant l'instruction, mais devant les perfectionnements de la monnaie légale et de l'outillage de fabrication, contre lesquels les faux monnayeurs ne peuvent lutter.

Les prisons contiennent incontestablement une grande quantité d'illettrés. Il n'y a point, cependant, rapport de causalité entre le crime et l'ignorance; il y a coïncidence. Les criminels se recrutent parmi les déshérités, les dégénérés de toute espèce, c'est-à-dire parmi les hommes placés dans les conditions les plus défavorables au point de vue de l'instruction. Ceux qui ont le moins l'occasion de s'instruire sont précisément ceux qui ont le plus l'occasion de voler.

Spencer écrit à ce propos :

« Les partisans de l'instruction triomphent quand ils constatent par des statistiques que le nombre des criminels illettrés est le plus considérable. Ils ne songent pas à se demander si d'autres statistiques, établies d'après le même système, ne prouveraient pas d'une manière tout aussi concluante que le crime est causé par l'absence de linge, la malpropreté de la peau, l'habitation des ruelles, etc. Celui qui voudrait enseigner la géométrie en donnant des leçons de latin ou qui croirait apprendre à jouer du piano en dessinant serait jugé bon à mettre aux petites-maisons. Il ne serait pas plus déraisonnable, cependant, que ceux qui prétendent améliorer le sens moral par l'enseignement de la grammaire, de l'arithmétique, etc. [1]. »

On se ferait donc de grandes illusions, si l'on croyait pouvoir améliorer le détenu des maisons cellulaires au moyen de quelques leçons par semaine. L'instruction organisée dans les prisons cellulaires a incontestablement un très grand avantage : elle est une distraction, en ce sens qu'elle rompt la terrible uniformité de la

[1] SPENCER, cité par Proost, *La crise agricole*, p. 14.

journée du prisonnier. En dehors de cela, elle ne peut pas produire de grands effets, surtout si l'on songe que l'instituteur s'adresse à des reclus isolés dans leurs stalles de façon à ne point se voir les uns les autres; et que celui-ci n'a pas le droit de les interroger ou de leur parler directement. La parole agit surtout par la communauté des sentiments qu'elle éveille chez des auditeurs réunis; elle agit moins sur l'homme isolé et caché à tous les regards. Rien de plus monotone et de moins pénétrant que la leçon d'un instituteur sans communication avec l'ensemble de son auditoire. Son rôle, comme celui de l'élève, d'ailleurs, devient machinal. Il faudrait, pour donner quelque efficacité aux efforts déployés, introduire la vie et le mouvement dans cette école qui étouffe sous une réglementation abstraite.

J'aborde, en troisième lieu, la question des visites du personnel.

Dans l'œuvre conçue par Ducpétiaux, le personnel avait un rôle immense; l'on espérait beaucoup de son influence bienfaisante et féconde; on lui demandait un véritable apostolat exigeant la réunion des plus hautes qualités morales et des plus rares aptitudes administratives.

Non seulement les hommes de cette trempe sont des exceptions, mais les agents recrutés dans le régime cellulaire ont à remplir leurs délicates fonctions dans les conditions les plus défavorables. Leur intervention, pour être efficace, devrait s'exercer d'une façon paternelle et pour ainsi dire familiale sur de petits groupes de détenus. Dans nos vastes agglomérations pénitentiaires, où les rouages sont si complexes et les détails si multiples, nous sommes bien loin de cet idéal; l'action du personnel est réduite, pour chaque détenu en particulier, à un minimum insuffisant; elle est surtout administrative et, encore une fois, si elle vient briser la désespérante monotonie de la cellule, elle ne saurait avoir de vertu moralisatrice.

Il est impossible, d'ailleurs, de trouver assez d'agents qui soient à la hauteur de cette écrasante mission; quelques hommes d'élite ne suffisent pas; le régime cellulaire a besoin d'un personnel excessivement nombreux, et l'État ne saurait accorder à ses employés que des traitements minimes, pour rémunérer un service pénible et ingrat. On devrait pouvoir choisir les gardiens dans les classes supérieures de la société; on les trouve à grand'-peine dans les classes inférieures. Personne ne méconnaîtra le dévouement et le zèle des agents de l'administration pénitentiaire, mais personne ne demandera non plus à ces modestes citoyens de réussir là où des philosophes échoueraient contre la fatalité des lois sociales et économiques.

Je n'entends pas entrer ici dans les détails et je me borne à signaler les grandes lignes du système. Il ne me paraît pas qu'une vue d'ensemble puisse donner la conviction que l'encellulement prolongé améliore l'homme physique ou moral.

La statistique de la récidive ne permet pas davantage d'arriver à une conclusion favorable au régime cellulaire. Assurément, les maisons communes, où le repris de justice endurci corrompt le débutant, développent la criminalité. Cette question est vidée; mais une question que l'on discute encore, c'est celle de savoir s'il est vrai que la cellule affaiblisse beaucoup la récidive.

Il serait téméraire de donner ici une solution affirmative : d'abord, en ce qui concerne les maisons secondaires, il est constant que les récidivistes y abondent. Ensuite, les maisons centrales, destinées aux condamnés à long terme, sont de mauvais observatoires pour l'examen de ce point.

Nos maisons centrales contiennent ce qu'on appelle les grands criminels. Or, cette classe de récidivistes décroît, non pas à cause du régime cellulaire, mais à cause de l'état social lui-même. L'organisation de la force publique, de l'état civil à la campagne comme en ville, l'accroissement des voies de communication, les facilités du télégraphe et du téléphone, le perfectionnement de l'outillage judiciaire diminuant les chances d'impunité, tout cela a porté un coup sensible à la classe des grands criminels, dont Cartouche et Mandrin sont restés les types célèbres, et c'est actuellement la petite criminalité, celle qui peuple les maisons secondaires, qui passe au premier plan et alimente la récidive.

D'un autre côté, le législateur est devenu plus indulgent ; il a adouci les peines ; le juge, à son tour, correctionnalise les accusations et applique des peines de courte durée ; ils contribuent ensemble à peupler les maisons secondaires et à refouler le foyer de la criminalité de profession, des maisons centrales vers les autres. Ajoutons à cela que les longues peines, par leur durée même, sont un obstacle à la récidive, et l'on comprendra que ce n'est pas dans les maisons centrales que l'on peut étudier le mieux l'action de la cellule sur le délinquant récidiviste.

C'est pour ces raisons qu'en étudiant les chiffres du dernier rapport triennal, on n'y trouverait pas de point d'appui pour ceux qui cherchent dans la statistique de la récidive la justification de l'encellulement.

Le rapport si clair de M. Gauthier, administrateur de la sûreté publique et des prisons (1), nous apprend que les deux maisons de Louvain et de Gand, sur une population moyenne de 779 détenus, contenaient 297 récidivistes. Ces 297 récidivistes représentaient un total de 1,094 condamnations : 723 avaient été subies sous le régime cellulaire et 371 avaient été subies sous le régime commun; et sur les 297 récidivistes, il y avait plus d'un quart d'incorrigibles délinquants, c'est-à-dire que 70 d'entre eux avaient encouru 5 condamna-

(1) *Statistique des prisons*, années 1878-1880, p. 26 et 27. Bruxelles, 1884.

tions ou plus de 5 condamnations. La plupart de ces 1,094 peines ont, il est vrai, été purgées dans les maisons secondaires, mais toutes l'ont été en cellule (1).

III

Ces observations manqueraient leur but, si l'on y voyait l'intention d'amoindrir les mérites et les services des créateurs de notre régime pénitentiaire. Ceux-ci, inspirés par la philosophie du XVIIIe siècle, sont venus à leur heure. Ils avaient à purifier l'atmosphère de la prison, et ils l'ont purifiée; ils avaient à détruire des institutions exécrables, et elles ne reviendront plus; ils avaient à les remplacer, et leur œuvre a eu sa grandeur.

Mais voici une nouvelle étape. La période de la théorie est close, celle de l'expérience a commencé : les livres seuls ne permettent pas d'apprécier une réforme; il faut l'appliquer pour en reconnaître les mérites et les défauts

(1) Dans un article de la *Zeitschrift für die Gesammte Strafrechtswissenschaft*, M. le professeur von Liszt, s'appuyant sur la statistique officielle, montre qu'en Prusse le régime cellulaire n'a pas d'effet utile sur la récidive. Vol. III, p. 38. Vienne, 1883.

et trouver les perfectionnements dont elle est susceptible. Telle est la tâche actuelle.

Un premier point est hors de doute : pour le condamné destiné à rentrer dans la société, l'isolement cellulaire ne peut être prolongé sans danger. Les Anglais surtout semblent redouter les suites de la cellule.

D'après les rapports officiels du gouvernement anglais, l'expérience aurait démontré qu'après une année d'isolement, l'application au travail était moindre chez les condamnés et que même leur santé était souvent atteinte. Aussi, en Angleterre, la durée de l'isolement cellulaire, d'abord fixée à une année, a été, en 1853, réduite à neuf mois. Aujourd'hui encore, quelques médecins de prison trouvent excessive même une durée de neuf mois. Le médecin de Pentonville, dans un rapport de 1871, attribue l'excellente santé dont les détenus ont joui en 1870 à des travaux de construction en plein air [1].

Sans aller aussi loin, les autres pays réduisent considérablement la durée du régime cellulaire : la Hollande à cinq ans, l'Allemagne

[1] Détails empruntés à un article de M. Ribot, *Revue des Deux Mondes*, 1er février 1873.

et l'Autriche à trois ans, certains cantons suisses à deux ans. Nous sommes loin des dix ans fixés par notre loi.

Peu importe, d'ailleurs. Que le régime cellulaire soit de neuf mois ou de dix ans, on est d'accord pour admettre, comme conséquence logique et nécessaire du régime pénitentiaire, la libération conditionnelle. La Belgique le reconnaît comme l'Angleterre (1).

Un peu plus tôt ou un peu plus tard, il arrive donc un moment où le régime cellulaire est suspendu, soit parce que la loi limite sa durée, soit parce qu'elle accorde la libération conditionnelle; et, à ce moment-là, se pose fatalement la question de savoir quel régime le condamné subira pendant le restant de sa peine.

Le rendre purement et simplement à l'ancien régime commun, personne n'y songera assurément.

Le rendre purement et simplement à la société, c'est-à-dire décréter la suppression des longues peines et la grâce de tous les con-

(1) *Statistique des prisons*, années 1876-1877. Rapport de M. Berden.

damnés, sans transition ni gradation, c'est encore plus impossible.

On ne voit donc qu'une solution : l'institution d'un régime intermédiaire qui, après la préparation cellulaire, réalise, dans certaines conditions, la vie en commun avec sa responsabilité de tous les instants. Or, cette solution, c'est l'adoption du régime Crofton, appliqué d'abord en Irlande, et connu désormais sous le nom de régime progressif.

Défendu avec ardeur et talent par les savants les plus éminents de l'étranger, notamment, en Allemagne, par M. von Holtzendorff (1), en Italie, par M. Beltrani Scalia (2), pratiqué avec succès par M. Tauffer (3) en Croatie, appliqué sous des formes diverses en Angleterre, en Saxe, dans quelques prisons de la Suisse et en Hongrie, contenu en principe dans le Code allemand de 1871, qui consacre

(1) VON HOLTZENDORFF, *Das irische Gefängnisssystem*. Leipzig, 1859. — *Kritische Untersuchungen über die Grundsätze des irischen Strafvollzuges*. Berlin, 1865.

(2) BELTRANI SCALIA, *Riforma penitenziaria in Italia*. Rome, 1879.

(3) TAUFFER, directeur de la prison de Lepoglava, *Die Erfolge des progressiven Strafvollzugsystemes*. Berlin, 1883. — Mittermaier, Wahlberg, Schwarze, Lucas sont également partisans du régime progressif.

la libération conditionnelle [1], le régime progressif gagne tous les jours du terrain, et il est utile d'attirer sur lui l'attention des législateurs belges.

Il a longtemps partagé en deux camps les spécialistes d'Europe et a donné lieu à des débats passionnés. Je ne vois pas les motifs de cet antagonisme ; les partisans les plus fanatiques du régime cellulaire à long terme peuvent l'admettre avec reconnaissance, comme le prolongement nécessaire de leur système, comme le passage de l'isolement absolu à la liberté sociale.

Le régime Crofton, tel qu'il est pratiqué en Angleterre, comprend des étapes successives. La première est le régime cellulaire, et dure neuf mois.

Au bout de ce temps commence la seconde période. Le régime cellulaire subsiste la nuit et pendant les repas, mais le travail se fait en commun. Cette étape est caractérisée par le système des marques : la bonne conduite, le zèle au travail, l'activité à l'école, etc., s'évaluent en bons points qui, de degré en degré,

(1) BERNER, *Lehrbuch des deutschen Strafrechtes*. Leipzig, 1877, p. 241.

peuvent conduire le détenu à la troisième étape ou à la maison intermédiaire, dont le type, en Irlande, est Smithfield et Lusk. Les détenus y dorment en cellule, mais le jour, ils vont par détachement de cinquante hommes travailler à l'air libre, et notamment ils s'adonnent, sous la conduite de surveillants, à des travaux de défrichement. A la fin de cette période, ils reçoivent leur *ticket of leave*, c'est-à-dire leur billet de libération conditionnelle.

Le pivot du système, c'est l'appréciation de là conduite du condamné par le nombre de marques obtenues. A mesure qu'il acquiert plus de points, sa situation s'améliore. C'est donc un régime d'encouragement qui augmente l'initiative du condamné, met son avenir entre ses mains en lui permettant d'abréger sa peine par le travail et la bonne conduite.

Il va de soi que, dans cette organisation, les commissions de surveillance ont un grand rôle à remplir, car de leur contrôle dépend le triage et la classification des condamnés.

M. Beltrani Scalia, dans son livre sur la réforme pénitentiaire, a développé avec force, clarté et éloquence la supériorité du régime irlandais. M. von Holtzendorff, en Allemagne, a également, dans diverses brochures qui ont attiré l'attention publique, signalé les avantages du système.

Il en a un qui prime tous les autres : il est plus conforme que l'isolement à la nature humaine ; il donne plus de prise à l'éducation sociale. Nous ne sommes plus dans le domaine de l'idéation pure. Nous trouvons une vie réelle avec des fluctuations et des gradations qui mènent à la liberté. Nous trouvons un but : la rentrée dans la société, que l'on entrevoit mieux parce qu'il ne dépend que du détenu de s'en rapprocher tous les jours un peu plus; nous trouvons un stimulant sérieux : l'espoir de s'élever à une classe supérieure ; nous trouvons enfin une sanction tout aussi sérieuse à l'inconduite : l'obligation de redescendre dans une classe inférieure.

On reproche à un tel système de provoquer l'hypocrisie. L'hypocrisie existe partout, dans la vie libre comme en prison. N'existerait-elle pas en cellule, par hasard? Bien au contraire. Il faut même reconnaître que l'hypocrisie en cellule, qui consiste simplement à feindre la soumission vis-à-vis d'un gardien, est bien plus difficile à démasquer. Il est plus aisé d'étudier le caractère de l'homme qui a passé par les différentes étapes d'une véritable vie sociale; et s'il est parvenu à simuler des sentiments sociaux pendant un temps assez long, on peut au moins formuler l'espérance qu'il en conservera l'habitude.

Ce régime est favorable au travail; il est plus productif, l'ouvrier travaillant mieux et plus rapidement, l'apprentissage étant plus sérieux et la surveillance plus continue. On se rapproche du travail social, et le choix des travaux est étendu; une foule d'occupations aujourd'hui condamnées deviennent possibles.

Ce point mérite l'attention de tous les hommes soucieux des grands intérêts que le régime pénitentiaire met en jeu.

Le travail actuel est illusoire, la santé du reclus en souffre, et le peu que l'on fournit à l'industrie privée mécontente encore la classe ouvrière. Celle-ci est rudement éprouvée, et dans l'impossibilité de réagir contre les lois générales qui ont amené sa gêne, elle s'en prend aux causes secondaires qu'elle croit apercevoir autour d'elle, et notamment au travail des prisons. On a beau lui dire que tout ce que l'État ne demande pas au travail des prisons, il doit le demander à l'impôt, que l'État ne peut pas supprimer arbitrairement des producteurs et réduire leurs familles à la mendicité; l'ouvrier honnête réclame, et dans chaque paire de bottes, chaque vêtement, chaque meuble qu'un entrepreneur fait confectionner en prison, il voit une atteinte à son salaire.

Eh bien, si quelque chose est à faire à cet égard, le régime progressif le fait; il admet les grands travaux d'utilité publique (creusement de canaux, construction de routes, de voies ferrées, de prisons), et notamment les travaux agricoles, le défrichement des bruyères, etc. On ne saurait assez, me semble-t-il, insister sur ce point. On ne saurait assez préconiser la combinaison de la pénalité et du travail agricole ou en plein air (1).

Nous avons, en Belgique, 231,964 hectares de terres incultes (2), et c'est une œuvre à la

(1) Quand on parle du travail exécuté par des catégories de détenus à l'air libre, il faut naturellement se débarrasser l'esprit du spectacle des forçats travaillant enchaînés et le boulet au pied — Ce n'est pas dans ces conditions horribles que le travail au dehors, dans le régime progressif, doit être compris.

(2) Statistique de la Belgique. Agriculture. Recensement de 1880. 1re partie, p. LXIV. Bruxelles, 1885.

fois sociale et pénitentiaire que de restituer des catégories déterminées de condamnés à l'agriculture.

Au point de vue hygiénique, le détenu profitera des rudes fatigues du labeur en plein air.

Au point de vue économique, l'ouvrier libre aura moins le droit de se plaindre de ce que l'État fasse travailler dans ces conditions des délinquants qu'il loge et nourrit.

Au point de vue financier, enfin, un régime qui permet l'emploi des condamnés pour l'exécution de grands travaux publics est certainement le meilleur. L'Angleterre nous en donne la preuve. La prison de Pentonville, bâtie en 1842, a été agrandie en 1865 et en 1870. La cellule, en 1842, revenait à 1,960 francs; en 1865, à 1,770 francs; en 1870, grâce à l'emploi des condamnés, qui ont cuit et posé les briques, extrait les pierres, élevé les charpentes, fondu et forgé les poutrelles, la cellule ne coûte plus que la moitié, soit 885 francs.

Depuis quelques années, le gouvernement employant ainsi les détenus a construit 1,889 cellules qui ont coûté 2,300,000 francs, soit près de la moitié de ce que le gouvernement aurait dû payer à l'entreprise privée.

Les condamnés anglais capables de résister aux grandes fatigues en plein air sont envoyés à Portland, Chatham, Portsmouth; ils y font de grands travaux d'utilité publique, et on a calculé ce que représente le travail de tous les condamnés dans ces trois prisons. On est arrivé à ce résultat merveilleux que ces trois établissements rapportent au gouvernement plus qu'ils ne coûtent.

Pris en bloc, le budget des prisons du gouvernement ne fait peser sur le trésor public qu'une charge annuelle, dit M. Ribot en 1873, de 1,800,000 francs pour 9,500 condamnés [1]. C'est-à-dire qu'à cette époque, le détenu anglais coûtait environ 50 centimes par jour, tandis que le détenu belge coûte 1 franc par jour.

Le régime progressif a une autre conséquence : il exige un personnel de surveillance moins considérable que le nôtre. Il faut moins d'hommes, en effet, pour diriger des ateliers communs, où chaque détenu tient son sort entre ses mains, que pour faire marcher les rouages délicats du régime cellulaire, où chaque prisonnier, au contraire, doit être mené comme

[1] Tous ces détails sont empruntés à l'article de M. Ribot, déjà cité.

une machine. Il est dès lors possible de mieux payer et, par conséquent, de mieux recruter les agents subalternes.

Si je quitte, d'ailleurs, le terrain de la pratique et si je m'en tiens aux principes, la situation est bien simple.

Prenons les partisans les plus fanatiques du régime cellulaire pur et simple ; dès qu'ils adoptent comme thèse l'amendement du coupable, ils doivent adopter aussi, au bout d'un certain temps à déterminer, la libération et le retour à la vie sociale de celui qui semble corrigé.

Le problème se réduit aux termes suivants : Puisque le retour à la vie sociale est le but suprême, ne vaut-il pas mieux faire l'essai de cette vie sociale avant la libération, moyennant certaines garanties et sous le contrôle de l'autorité, qu'après cette libération, sans garantie et sous les regards hostiles et défiants des hommes libres ?

La réponse n'est pas douteuse. L'essence d'un régime pénitentiaire qui veut reclasser le condamné, c'est de lui apprendre l'usage de la liberté.

Le régime cellulaire, bien loin de fournir cet

enseignement, anéantit tout ressort et toute volonté; il enlève jusqu'au désir de la liberté. L'homme désigné par l'administration comme le moins dangereux sera peut-être celui qui n'aspire plus à rien!

Le régime progressif, outre sa supériorité de préparer rationnellement à la liberté et d'être plus conforme au but de la pénalité moderne, a donc une vertu intrinsèque : il procure aux détenus cette chose dont le prisonnier cellulaire n'a pas la moindre idée et que M. von Holtzendorff appelle une gymnastique sociale [1].

La promiscuité est dangereuse, qui en disconviendra? Mais c'est la vie même! C'est la vie de l'enfant à l'école, de l'ouvrier à l'atelier, et puisque ce doit redevenir un jour la vie du condamné libéré, il faut bien l'habituer à ce danger le plus vite possible, en prenant les précautions nécessaires.

Notons, d'ailleurs, qu'en 1791, à l'Assemblée nationale, Lepelletier de Saint-Fargeau, dans un rapport sur le régime pénitentiaire, demandait un système progressif faisant passer le détenu

(1) Von Holtzendorff, *Das irische Gefängnisssystem*. Leipzig, 1859.

du traitement le plus sévère au traitement le plus doux [1].

Notons encore qu'Howard, quand il élevait à Glocester, en 1785, la première prison cellulaire, ne songeait qu'à l'isolement de nuit et admettait le travail en commun le jour, par catégories de détenus. Il en fut de même de Vilain XIIII, quand il inspira le plan de la prison construite à Gand en 1775.

IV

Mais, il serait funeste de l'oublier, quels que soient les mérites d'un système quelconque, quel que soit le régime appliqué, pour arriver à un résultat, la base essentielle, l'assise fondamentale sans laquelle l'édifice ne peut tenir debout, c'est la classification méthodique des condamnés.

Les institutions pénitentiaires, en effet, remuent des hommes et non des idées. Ah! si tous les êtres étaient identiques, si tous étaient indistinctement perfectibles, si chez tous il existait un moyen de réveiller la force morale endormie et de raviver l'amour du bien,

(1) *Moniteur universel*, 30 mai et 4 juin 1791.

toutes ces questions seraient bien simples, et depuis longtemps l'humanité serait revenue à l'âge d'or. Mais, malheureusement, les individus ne sont pas coulés dans un seul moule, et c'est pourquoi l'uniformité d'un système quelconque, cellulaire ou progressif, est aussi critiquable, à un autre point de vue, que la promiscuité uniforme des prisons anciennes.

Prendre une brute à face humaine, l'isoler pendant des années, l'entourer de soins, de conseils, et supposer que cette bête fauve, sanguinaire et cruelle, que ce révolté vicieux, inculte, cynique, presque inconscient, sortira un jour régénéré de sa cellule et pourra, sans danger, être lâché de nouveau sur la civilisation, c'est une utopie auprès de laquelle les rêves de Morus et de Campanella sont des mesures pratiques par excellence.

Prendre un être doux et tranquille, au caractère faible et indécis, et, dans un but d'amendement, lui faire payer son égarement d'une longue réclusion cellulaire, c'est également un excès de théorie; c'est ne pas voir qu'ici l'amendement est accessoire, par la bonne raison que les instincts ne sont pas pervers. Certes, ce coupable doit être puni, mais la cellule aura à la longue bien plus pour conséquence de l'atrophier que de l'aguerrir, et moins il y aura en lui de force de résistance, plus la cellule le déprimera et lui sera funeste.

Le nœud du problème, c'est donc d'établir des catégories de condamnés et de les traiter suivant la classe à laquelle ils appartiennent. Ceux qui ont un fond honnête et ont subi l'entraînement de la passion ou la fatalité de la misère, ne sont pas sur la même ligne que les malfaiteurs endurcis; les premiers ont l'espoir de rentrer un jour dans la société, et l'autorité, pour aboutir à leur libération, doit les préparer graduellement à la vie sociale. Les autres n'offrent plus de ressources; il faut préserver la société de leurs atteintes. Il faut donc les isoler; il n'est pas indispensable qu'ils soient isolés les uns des autres; ils sont déjà gâtés et ils ne peuvent plus se corrompre mutuellement.

Je ne dis pas que, si la société a des ressources suffisantes, elle ne puisse astreindre les incorrigibles à l'isolement individuel; évidemment, la surveillance sera plus facile. Je pense seulement qu'au point de vue social, comme il n'y a plus rien à espérer de ces hommes, la question est absolument secondaire et que, de plus, la détention devant, dans la plupart de ces cas, être perpétuelle, la solitude cellulaire sera une torture dont personne ne profitera.

Avant de nous occuper de la promiscuité des incorrigibles, occupons-nous de la promiscuité des honnêtes gens, de ces familles qui végètent pêle-mêle dans d'horribles taudis, sans distinction d'âge ni de sexe. Cette promiscuité-là est effroyable, car elle engendre la débauche, la prostitution et le crime ; elle corrompt avant l'âge la jeune fille, elle déprave le jeune homme, elle éloigne du foyer domestique le chef de famille, allant chercher dans l'ivresse l'oubli du spectacle de tous les jours.

Voilà où est le danger, voilà où est la honte ! Quant à la promiscuité des criminels définitivement perdus, elle ne peut plus accentuer le mal, et la seule chose indispensable, c'est de les isoler des bons et des douteux.

Le régime pénitentiaire idéal ressemblerait ainsi, pour employer une comparaison familière, à une sorte de tamis qui laisserait passer peu à peu les corrigibles et conserverait inexorablement les incurables de la criminalité.

De même que l'autorité judiciaire quand

l'accusé se présente devant elle, l'autorité administrative recevant le condamné se trouve devant cette grande distinction qui apparaît à chaque pas dans ces études, parce qu'elle est la réalité même : les délinquants d'occasion et les délinquants de profession (1).

Prenons d'abord les délinquants d'occasion.

Pour eux, je l'ai déjà dit, le mieux, en cas de faute légère, c'est de condamner le moins possible à la prison et d'appliquer les amendes ou les journées de travail. Quand on les condamne à de courtes peines d'emprisonnement, jusqu'à un an, par exemple, la cellule n'offrira pas d'inconvénient. Quand il s'agit de longues peines, il va de soi, d'abord, qu'il faut accorder la cellule au condamné qui la demande. Pour les autres, après une préparation cellulaire d'une certaine durée, rien n'empêche de créer des ateliers communs, pourvu, bien entendu, que l'on fasse un triage méticuleux et que l'on écarte sévèrement tous les êtres vraiment corrompus. Quel danger y aurait-il, et je prends à dessein des faits très graves, à laisser travailler côte à côte un fils d'honnête cultivateur qui,

(1) Voir surtout von Liszt, *Zeitschrif, etc.* 1883. Vol. III, liv. I, p. 36.

dans un accès de jalousie, aurait tué sa maîtresse, et un villageois qui, dans une rixe, aurait mortellement frappé son adversaire. Ils sont violents tous deux, et leur violence doit être punie, mais le contact de ces deux hommes à l'atelier ne les empêchera pas de se conduire bien plus tard, s'ils regrettent leur crime.

Je ne parle que de l'atelier; le bon sens indique que l'isolement cellulaire doit subsister la nuit; les repas aussi peuvent être pris en cellule.

Je passe aux délinquants d'habitude.

Nous devons ici subdiviser; il y a deux catégories.

La première comprend les délinquants dont on ne peut dire qu'ils soient foncièrement mauvais : l'abandon où ils ont vécu, la faiblesse de leur volonté, leur paresse et leur inertie les ont perdus. Pour beaucoup d'entre eux, l'éducation sociale, l'émulation, le contrôle offrent peut-être de l'utilité. La société a pour devoir d'essayer. Le régime progressif, bien mieux que le régime cellulaire, permet de constater s'il y a des chances et si l'on peut aller avec ces condamnés jusqu'à la libération conditionnelle. Il s'agit surtout des petits voleurs, des recéleurs, des individus vivant au jour le jour, sans respect pour la propriété et préférant au travail l'imprévu d'un larcin facile. Je pense que jusqu'à une troisième condamnation, on peut encore les classer au moins parmi les douteux. Ce sont les plus nombreux parmi les délinquants de profession. On pourra les employer aux travaux d'utilité publique dont je parlais plus haut.

La seconde catégorie comprend les vrais criminels de profession, ceux dont les penchants vicieux sont irrésistibles et constituent un danger social durable. Nous sommes, avec eux, sur un terrain différent. Appliquer à leur égard la théorie de l'amélioration, ce n'est pas seulement se préparer de terribles déceptions, c'est faire preuve d'une naïveté qu'il est permis de trouver coupable, parce qu'elle ébranle la foi de l'opinion publique dans l'influence des institutions pénitentiaires et dans l'utilité des sacrifices qu'elles exigent.

C'est le déchet de l'humanité, la gangrène attachée au corps social. Comme le médecin, le législateur doit avoir le courage de sacrifier la partie condamnée aux éléments sains et robustes. De même que les hôpitaux, les prisons contiennent des incurables. Qu'on les classe encore suivant la nature de leurs vices; qu'il y ait pour eux de petits ateliers, avec une détention illimitée, une discipline rigoureuse, un minimum de pécule, un costume spécial et, au besoin, la cellule pour les indisciplinés.

Mais, cellule ou salle commune, on ne doit pas l'oublier, ces établissements sont des refuges d'incurables; les condamnés sont destinés à s'y éteindre tranquillement, sans souffrances pour eux, naturellement, et sans nouvelles souffrances ni nouvelle lutte pour la société. Avec eux, le luxe des systèmes devient un vain gaspillage, et le luxe des constructions, les façades monumentales, les cellules coûteuses, sont une criante injustice au regard des honnêtes gens luttant contre la misère. Des bâtiments simples, où l'on respecte les lois de l'hygiène et de la propreté suffisent. Ceux qui, poussés par la générosité de leur cœur, voudraient faire plus, se rappelleront qu'il n'y a pas assez d'institutions de bienfaisance pour les misérables et qu'un vaste champ reste ouvert à toutes les aspirations humanitaires.

Enfin, pour ces délinquants que la médecine signale sous le nom de criminels-aliénés, il faut des asiles spéciaux où, sans être confondus avec les aliénés honnêtes, ils ne soient pas confondus avec les criminels ordinaires.

L'œuvre pénitentiaire est donc commencée chez nous, elle doit être continuée; c'est un organisme complet, avec un point de départ, un milieu et un point d'arrivée. Le début, c'est l'isolement; la phase intermédiaire, c'est le système des marques, le triage des condamnés et les travaux publics; le but, c'est la libération.

Cette œuvre ne peut s'accomplir sans l'appui des classes dirigeantes. Les plus belles idées resteront stériles et se réduiront à des règlements sur le papier, si l'opinion publique les délaisse. Qu'il s'agisse de l'isolement ou du régime en commun, du système des marques ou de la libération, l'impulsion première doit venir d'en haut. Pour obtenir même le minime résultat de régénérer quelques déshérités, les classes supérieures doivent donner l'exemple du zèle. La morale pour les petits, c'est de faire taire les sentiments d'envie et de respecter le droit des autres. La morale pour les grands, c'est de vaincre les sentiments égoïstes et de faire leur devoir à l'égard de leurs inférieurs en s'occupant de ces derniers et en recherchant les fonctions qui, sans rapporter ni honneurs, ni distinctions, ni richesses, sont utiles aux masses. Dans cet ordre d'idées, il y a peu de postes aussi importants que ceux des membres des commissions de surveillance auprès des établissements pénitentiaires. On les dédaigne cependant en général.

Les comités de patronage institués en 1848 par Ducpétiaux n'ont pu fonctionner, faute d'hommes dévoués, et nos commissions administratives actuelles, à quelques honorables exceptions près, sont des rouages peu actifs.

Il faut donc le répéter, les classes dirigeantes ont leur rôle à remplir dans l'organisation pénitentiaire; elles peuvent beaucoup pour en assurer le succès. Dans le régime progressif surtout, elles ont à intervenir de la façon la plus sérieuse pour contrôler la classification et le triage des détenus.

La Belgique compte beaucoup de citoyens riches, ayant du temps à consacrer à la chose publique. Leur influence est actuellement perdue pour le pays; ils ne pourraient en faire un meilleur emploi qu'en la mettant au service des institutions pénitentiaires. La direction d'une prison est une œuvre à la fois administrative et sociale; pour conserver son caractère, elle a besoin de l'encouragement permanent des classes dirigeantes, qui seules peuvent lui donner le souffle et la vie et l'empêcher de devenir une machine bureaucratique. C'est ainsi qu'en Angleterre et en Allemagne, le personnel de l'administration des prisons a une situation considérable; chez nous, méconnu et dédaigné, il se sent privé des ressources morales qui permettent de faire produire à une fonction tout ce qu'elle doit donner.

V

Je voudrais encore, en terminant sur ce point, présenter une observation au sujet d'une mesure se rattachant à la libération du condamné : le renvoi sous la surveillance spéciale de la police. Il est incontestable que la société doit faire surveiller les repris de justice. On peut se demander, toutefois, si cette peine n'est pas illusoire, si elle est bien un obstacle à la récidive et si, en assignant, avec les formalités actuelles, une résidence aux libérés surveillés, la justice ne protège pas, en général, les grandes villes au détriment des campagnes. Un fait est certain dans tous les cas : les obligations que la surveillance entraîne signalent les libérés à la malveillance de leurs concitoyens et les empêchent de trouver du travail.

Qu'on en rencontre dans les prisons de ces détenus ayant subi vingt, trente condamnations, pour rupture de ban ou pour d'autres délits, et qui déclarent que la surveillance de la police, en les mettant dans l'impossibilité absolue de trouver une situation, les a obligés à rentrer en prison. Pour beaucoup, c'est une allégation mensongère; pour quelques-uns, c'est l'expression de la vérité. Ouvrir la porte d'une prison à un ouvrier sans ressources, sans existence assurée, ayant à lutter contre les soupçons de la foule, et l'astreindre, de plus, à des formalités qui le signalent à tous comme un être dangereux, et cela sans le contrepoids d'un comité de patronage, c'est évidemment, dans certains cas, l'obliger à voler, et il suffit que ces cas puissent se présenter pour que l'on cherche un remède.

Le remède le plus radical serait la suppression de la peine de la surveillance de la police, comminée par l'article 35 du Code pénal. Avec une police mal faite, cette peine ne produit aucun résultat et n'empêche pas un crime. Avec une police bien faite, cette peine n'est pas nécessaire pour surveiller les criminels dangereux. On comprend donc que la suppression pure et simple de l'article 35 du Code pénal puisse être demandée.

Comme il faut compter, toutefois, avec les traditions reçues et des craintes qui, pour être discutables, n'en sont pas moins réelles, on pourrait trouver un moyen terme et maintenir en principe le renvoi sous la surveillance de la police de l'article 35, en le corrigeant par l'institution de la « caution pénale ».

La surveillance spéciale de la police est une garantie que l'autorité prend contre le libéré, en s'assurant de sa présence dans un lieu déterminé. S'il offrait une garantie équivalente, les parquets pourraient, sans inconvénient, suspendre l'exécution de la peine.

Or, la garantie équivalente à l'obligation d'une résidence déterminée, c'est la caution.

Ou bien le libéré n'a aucun actif, ou bien il est solvable, soit à raison de quelque fortune personnelle, soit à raison d'un pécule amassé en prison.

Dans le premier cas, la caution serait morale, dans le second, elle serait pécuniaire.

Dans le premier cas, si un corps administratif, tel que la commune du libéré, la commission de la prison, un comité de patronage ou de charité, ou bien encore un particulier honorable, déclarait au parquet qu'il répond du condamné, le parquet ne pourrait-il se départir de sa rigueur et suspendre la surveillance spéciale de la police?

Évidemment, ces cas seraient rares. Mais au moins une commune ou un patron, guidé par la bonne pensée de s'intéresser à un coupable digne de sympathie, aurait le moyen d'agir et de soustraire son protégé à une perte certaine.

La caution pécuniaire serait un système plus simple encore, consistant dans le dépôt par le libéré d'une somme d'argent entre les mains d'un patron. Sur l'attestation signée par le patron que le condamné aurait déposé chez lui une somme à déterminer, le parquet suspendrait l'exécution de ladite peine (1).

(1) L'idée d'employer le pécule du détenu comme caution pécuniaire a été signalée pour la première fois, je pense, par M. von Holtzendorff en 1859, dans son livre : *Das Irische Gefängnisssystem*, p. 90.

Cette mesure aurait le double avantage de donner plus de liberté au libéré et de lui faire trouver plus facilement un emploi. Le patron qui recevrait un dépôt d'argent aurait, en effet, moins de scrupules à accorder du travail à un ancien condamné.

En parvenant par leur bonne conduite à conserver leurs répondants jusqu'à l'expiration de la peine [1], les condamnés échapperaient aux effets nuisibles de la surveillance sans aucun danger pour la société.

On pourrait interdire la faveur de la caution morale ou pécuniaire aux récidivistes ayant subi déjà deux condamnations.

(1) Il n'est donc pas question ici de la surveillance à vie en cas de récidive de crime sur crime. (Art. 36, C. p.)

CHAPITRE VI.

La transportation. — La transportation en Angleterre. — Loi française sur la relégation aux colonies. — L'émigration subsidiée.

Les multiples difficultés inhérentes à la réalisation du régime pénitentiaire ont attiré de nouveau l'attention des législateurs sur l'idée de se débarrasser des délinquants par leur relégation dans des pays lointains.

En France surtout, la petite criminalité (les vols, les abus de confiance, les escroqueries, l'outrage à la pudeur, l'excitation à la débauche, le métier de souteneur) a pris une nouvelle extension; elle a, pour ainsi dire, doublé pendant ces trente dernières années. On ne sait que faire de cette armée croissante. La condamnation à l'emprisonnement, telle qu'elle est exécutée, n'effraye plus; le détenu trouve à la prison un lit et la nourriture; il y rencontre des compagnons; il y forme des disciples; il y retourne à la mauvaise saison comme à une retraite assurée.

La pensée de les éloigner du territoire a surgi; elle a recruté immédiatement des partisans convaincus et, après deux ans de délibérations, tant à la Chambre qu'au Sénat, elle vient, le 27 mai 1885, d'être traduite en loi (1).

C'est à peu près la répétition de ce qui s'est produit en 1827, quand l'accroissement de la criminalité inspirait aux corps délibérants de France le désir d'imiter l'Angleterre et de déporter les forçats libérés.

A ne voir que la surface des choses, l'entreprise est séduisante. En déplaçant la criminalité, on a momentanément l'illusion de la victoire. La société, éloignant de ses regards le spectacle de la dégradation et du vice, s'imagine que les hommes sont moins dépravés; en mettant l'océan entre les mauvais et les bons, elle soustrait ceux-ci à la contagion du mal, elle place ceux-là dans un milieu nouveau, où, les difficultés de la lutte étant moindres, les chances de régénération augmentent. En outre, bien des choses sont simplifiées.

(1) Le texte de la loi se trouve dans le *Dépôt des lois*, année 1885, p. 1120.

Les dangers de l'isolement prolongé dans le régime cellulaire, les dangers de la promiscuité dans le régime commun, les inconvénients de la surveillance spéciale de la police, les difficultés de la constitution du patronage, autant de redoutables questions qui s'évanouissent ou paraissent s'évanouir le jour où le navire qui emporte le condamné disparaît à l'horizon.

Dans ces régions non saturées de civilisation, les travaux utiles abondent ; les conditions morales de la vie semblent meilleures que ce que peut offrir la cellule ou l'atelier d'une prison ; on entrevoit même pour le déporté la possibilité de fonder une famille ou, s'il est marié, de faire venir sa femme et ses enfants auprès de lui. L'expulsion des récidivistes semble ainsi une mesure qui délivre la mère patrie et sauve le délinquant; et à tous ceux qui doutent on se plaît à rappeler que l'expérience n'est pas nouvelle et qu'à certain moment elle a admirablement réussi en Angleterre.

L'Angleterre, cela n'est pas contestable, a fourni un merveilleux exemple des mérites de la transportation. Celle-ci apparut comme pénalité, en Angleterre, en 1715. Les Anglais envoyaient leurs condamnés dans le Nouveau-Monde et ne cessèrent leurs envois qu'en 1775, lors de l'insurrection américaine. La transportation fut rétablie à l'époque de la découverte de l'Australie ; elle fut bientôt la base du système pénal anglais, et l'histoire de cette période sert d'argument capital aux adeptes actuels de la relégation.

En 1788, les premiers convicts débarquaient sur une côte inculte et abandonnée. Aujourd'hui, Sydney, avec un demi-million d'habitants, figure parmi les villes les plus riches et les plus luxueuses. L'Australie alimente l'Europe de ses blés et de ses laines. Qu'elle renie ses ancêtres, qu'elle répudie son origine, sa prospérité n'en remonte pas moins aux condamnés dont le gouvernement anglais purgea le royaume. Ainsi, on l'a fait remarquer déjà, les délinquants, chassés au XVIIIe siècle de leur patrie comme un danger social, sont arrivés au même résultat que les puritains qui, au XVIIe siècle, pleins de mépris pour la corruption du monde de la cour, s'embarquaient pour l'Amérique (1). Ceux-là étaient le rebut de la

(1) HOLTZENDORFF, *Die Deportation als Strafmittel*, p. 394. Leipzig, 1859.

société, ceux-ci l'élite. Placés dans des conditions identiques, au milieu de terres vierges de toute civilisation, ils ont, les uns et les autres, fait éclore des États féconds et prospères. Utile leçon, dans tous les cas, pour le juge ignorant qui ne saurait pas distinguer les coupables amenés devant lui et considérerait tout délinquant comme une force à jamais perdue.

Le résultat obtenu par les Anglais est encore plus intéressant quand on songe aux circonstances défavorables qui entouraient leur tentative. Aucun plan n'avait présidé à l'envoi fait à la Nouvelle-Galles du Sud. Le gouvernement n'avait ni ligne de conduite, ni méthode, ni projet d'organisation. Il n'avait pris aucune précaution, n'avait tenu compte ni de l'âge, ni du tempérament, ni du degré de moralité des premiers déportés. Il ne s'était occupé d'avance ni de leur nourriture, ni de leur entretien, ni de leur travail. Il n'avait songé qu'à une chose : affranchir la métropole du contact de ses délinquants. Ce point de départ admis, il allait à l'aventure et se lançait dans l'inconnu. Il eût pu échouer, et les famines et les révoltes du début n'étaient pas pour rassurer. On réussit néanmoins, et lord Grey a affirmé à la tribune que la grandeur de l'Australie est due à la transportation.

Gardons-nous de généraliser, cependant, et de proclamer un principe là où il ne faut voir qu'un expédient heureux. Il importe d'examiner de près non seulement les conditions toutes spéciales de réussite de l'entreprise, mais aussi les obstacles inévitables qui l'ont enrayée plus tard.

Le premier point à retenir, c'est que le climat était propice et n'opposait pas une barrière invincible à l'activité des travailleurs. Un second élément de chance, ce fut l'intelligence et le dévouement des premiers gouverneurs, Philipp, Hunter, Macquarie, entre autres.

Il faut, enfin, prendre en considération la qualité des transportés. La législation anglaise était d'une sévérité outrée; elle n'admettait pour ainsi dire pas d'intermédiaire entre une année d'emprisonnement et sept années de transportation; pour les vols les plus minimes (*petit larceny*), le Code avait des peines impitoyables. Si bien que parmi les débarqués on comptait, à côté de vrais malfaiteurs, des condamnés victimes des lois draconiennes de leur pays et parfaitement capables de se bien conduire.

Ce n'est donc pas un paradoxe de dire que le manque d'organisation légale a été pour quelque chose dans le résultat. Il est probable que si le gouvernement eût fait un choix bien raisonné et n'eût relégué à la Nouvelle-Galles du Sud que les « incorrigibles », il n'eût pas eu à se féliciter, les incorrigibles ne changeant pas de caractère en changeant de climat, et le climat ne donnant pas à lui seul le goût du travail.

Mais on embarqua pêle-mêle des malheureux et des malfaiteurs. Les premiers se séparèrent des vicieux et formèrent le noyau des colons modèles; ils se mirent à l'œuvre avec ardeur, et ne rencontrèrent aucune concurrence; ils ne furent même, au début, soumis à aucun contrôle, ils eurent les avantages d'un monde naissant et surent en profiter. C'est ainsi que, d'une horde de gens sans aveu, sortit une classe active, laborieuse, industrieuse, amie de l'ordre et de la stabilité et respectueuse des lois; c'est ainsi que, dans une cérémonie solennelle, on vit, à la stupéfaction, sans doute, des magistrats d'Angleterre, le commandant Philipp accorder les insignes de *watchman* ou veilleur de nuit à un convict; c'est ainsi, spectacle bien plus extraordinaire et qui dut dérouter davantage encore la justice, que, sous le gouverneur Macquarie, un forçat libéré, signalé par sa conduite, fut pourvu d'un office de juge. Le criminel de la vieille Europe devenait le magistrat du monde nouveau. En ce sens, la transportation a été un bienfait immense, n'eût-elle eu d'autre effet que de corriger les vices de la justice criminelle anglaise.

Mais à peine la prospérité de la colonie fut-elle assurée et l'Angleterre eut-elle démontré que l'on pouvait fonder un État avec des condamnés, que les difficultés s'accumulèrent. Jusqu'alors, on doutait et on laissait les transportés à eux-mêmes. Quand le développement de la colonie fut complet, que toute apparence de danger fut écartée et qu'il n'y eut plus que des bénéfices à recueillir, un formidable courant d'émigration s'établit et, dès ce moment, l'on put prédire la chute de la transportation.

Qu'on le remarque bien, en effet, ce qui avait été réalisé en Australie, ce n'était pas une conception pénitentiaire, c'était une chose toute différente, la colonisation pénale, l'utilisation des bras des condamnés, à l'endroit où les bras faisaient défaut. Féconder ainsi des terres inoccupées était avantageux à la fois à l'Angleterre et aux transportés, et il n'y avait point de rivaux pour se plaindre de la concurrence. Or, dès qu'à la place où les premiers convicts avaient planté leur tente des foyers de civilisation se dressèrent, dès que les coureurs d'aventures et les chercheurs de fortune trouvèrent, dans cette région riche désormais, un champ d'exploitation, les conditions du développement de la colonie changèrent du tout au tout.

A partir de 1822, le monde a les yeux fixés sur l'Australie; sa destinée est assurée, mais le déclin de la transportation commence.

Les émigrants libres affluent avec leurs familles; de grands établissements se fondent; on amasse de colossales fortunes et, à côté des modestes travailleurs de la première heure, il se forme une véritable aristocratie hostile aux libérés et refusant leur contact et même leurs services [1]. La découverte des mines et la fièvre

[1] HOLTZENDORFF, livre cité.

d'or qui, dans l'espace de quelques jours, faisaient partir 8,000 émigrants pour la Nouvelle-Galles du Sud, portèrent le dernier coup à l'édifice déjà chancelant de la transportation. Battu en brèche avec violence par la population libre, qui était décidée à garder la colonie pour elle et à ne plus recevoir de condamnés, le système dut céder et le gouvernement, après de vaines tentatives de résistance, finit par s'incliner devant la volonté des citoyens libres.

En 1845, M. Gladstone commença par supprimer tout nouvel envoi, et trois ans plus tard, lord Grey, espérant faire taire les mécontents, réalisa sa célèbre réforme législative. Tout condamné à la transportation, après avoir subi un emprisonnement cellulaire de courte durée, passait au régime des travaux publics exécutés en plein air en Angleterre. S'il se conduisait bien, il recevait, avant l'expiration de sa peine et à titre de faveur, le *ticket of leave*. Il était alors envoyé en Australie avec la faculté de chercher de l'ouvrage chez un patron. S'il réussissait, il obtenait à la date légale sa libération définitive. La servitude pénale remplaçait la transportation pure et simple. Rien n'y fit; les plaintes continuèrent; elles s'accentuèrent même à mesure que, sous le flot de l'invasion, la place sur le territoire colonial devenait plus rare.

D'ailleurs, le jour où le débarquement en Australie devenait une sorte de récompense, il va de soi que les honnêtes gens avaient le droit de protester et de réclamer pour eux un privilège réservé aux coupables.

Déjà en 1840, à Birmingham, 10,000 ouvriers sans ouvrage avaient demandé en vain le passage gratuit pour l'Australie. Dans cette lutte pour l'existence, quand la misère régnait en Angleterre et que l'or abondait en Australie, l'aristocratie des non-condamnés devait l'emporter. En 1867, après une expérience de quatre-vingts ans, la transportation fut supprimée.

Ce court aperçu permet de faire ressortir à la fois et les avantages, et les impossibilités du système. Nous avons déjà vu les avantages que l'Angleterre en a retirés. Ajoutons que, grâce à la transportation, elle a procuré une existence honnête et régulière à 48,000 individus qui auraient végété dans les bas-fonds de la mère patrie (voir le rapport de lord Grey de 1852, cité dans le mémoire de M. Gerville-Réache, du 16 juin 1883, Chambre des députés de France, n° 2002); le gouvernement en a profité également pour dégager ses prisons des condamnés à long terme.

Les impossibilités sont tout aussi évidentes. Elles résultent de ce que, dans un climat sain, sur un sol fertile, où le travail s'offre, l'exil ainsi entendu n'est pas un châtiment, mais un bonheur envié par bien des gens. En 1838, Molesworth condamnait la transportation, à ce point de vue, comme une peine insuffisante, n'inspirant aucune terreur, corrompant convicts et colons et provoquant des dépenses extravagantes. L'antagonisme est, dans tous les cas, fatal entre l'émigrant venu au loin pour assurer le sort des siens et le forçat libéré qui lui dispute son gagne-pain.

La transportation ne peut donc pas constituer un élément permanent et régulier dans un ensemble organique d'institutions pénitentiaires. Elle n'est et elle ne sera jamais qu'une mesure transitoire et empirique. Un pays ayant la chance de posséder une colonie salubre, encore fermée à la civilisation régulière et dépourvue de bras, pourra charger ses condamnés des premiers travaux d'établissement.

C'est ce que fit Christophe Colomb avec les prisonniers de Séville. Le jour où l'émigration libre apparaît, il faut renoncer à l'expérience.

En France, les essais de transportation n'ont pas été brillants. Le Code pénal de 1791, article 1er, titre I, déclarait que tout individu coupable d'un second crime serait, après avoir subi sa peine, déporté dans une colonie; et la loi du 24 vendémiaire an II ordonnait la transportation aux colonies des vagabonds condamnés trois fois. Les guerres avec l'Angleterre mirent obstacle à la réalisation de ces tentatives, mais elles furent reprises. Un décret du 20 mars 1852 disait que les condamnés aux travaux forcés pourraient être envoyés à la Guyane, et la loi du 30 mai 1854 décidait que la peine des travaux forcés s'exécuterait par la transportation. Aux termes de cette loi, les condamnés, après l'expiration de leur peine, continuaient à résider dans la colonie. Les condamnés à plus de huit années devaient y rester pour le reste de leur vie. Les condamnés à moins de huit années devaient y rester un temps égal à la durée de leur peine. En cas d'empêchement, la peine était subie en France; sinon, jusque 1867, on

(1) GARRAUD, *Précis de droit criminel*, p. 198. Paris, 1881.

les envoyait d'abord à la Guyane et plus tard à la Nouvelle-Calédonie [1].

La République française, par la loi du 27 mai 1885 sur la relégation des récidivistes, se rattache à ce système. La loi interne à perpétuité sur le territoire des colonies ou possessions françaises les condamnés que l'on appelle les incorrigibles, les récidivistes pour crimes, délits de vol, abus de confiance, escroquerie, outrage public à la pudeur, excitation habituelle des mineures à la débauche; les vagabonds et gens sans aveu, et notamment les bonneteurs et souteneurs.

La loi, comme l'indiquent les longues discussions des Chambres françaises, a été votée sans aucun enthousiasme. Il ne s'agit plus, comme en 1854, de soumettre quelques grands criminels à un régime pénitentiaire au loin; on veut transférer par delà les mers toute la population des hommes définitivement dégénérés. Il ne s'agit pas davantage, comme en Angleterre, d'une aventure imprévue, mais d'un système légal, conçu d'après des idées générales et proposé à titre de remède social contre la criminalité.

Ainsi présentée, la colossale entreprise a

des périls qui doivent sauter aux yeux. Il ne suffit pas d'embarquer une population criminelle; la question est de savoir ce que l'on en fera. A quels travaux les employer? Qui procurera ces travaux? A quel régime les soumettre? Quels avantages accorder à ceux qui se conduisent bien?

Deux hypothèses sont admissibles :

Ou bien la colonie est inhabitable, le travailleur ne peut résister à un climat meurtrier: alors, la relégation est à peu près la peine de mort, et il est inutile de dépenser tant d'argent pour aboutir, en définitive, à un aussi triste résultat;

Ou bien la colonie est salubre, elle offre des travaux publics et des exploitations privées, le gouvernement peut y concéder des terres : et alors, que diront les ouvriers sans antécédents judiciaires, mourant de faim chez eux et ne demandant qu'à quitter la terre natale?

Déjà, dans le régime des prisons, on se plaint de ce que le législateur fournisse au condamné logement, nourriture, vêtement, feu, lumière et travail, tandis qu'il abandonne le prolétaire à lui-même. Ici, au moins, y a-t-il isolement et privation de liberté? Que sera-ce donc si l'État, allant plus loin encore, et laissant au coupable, avec une sorte de liberté relative, l'espoir de la vie de famille et de concessions de terres, lui assure une existence que l'ouvrier de nos grandes villes n'ose entrevoir en rêve?

N'est-ce pas une prime accordée au délit? Pour un délinquant attaché au sol natal et souffrant de l'exil, combien n'y en a-t-il pas pour qui ce sera un privilège! Et je simplifie le problème en supposant une colonie privée de l'élément qui, tout en lui étant indispensable, est hostile aux condamnés, c'est-à-dire de l'émigrant libre. Une colonie ne peut se priver de capital; seulement, le jour où le capital intervient, les complications qui ont assailli l'Angleterre en Australie se reproduisent inévitablement.

La solution est évidemment de ne pas assimiler le forçat au colon, de ne pas leur donner à l'un et à l'autre les mêmes conditions d'existence, c'est-à-dire de déterminer pour le transporté, au début, des règles pénitentiaires. Cela revient à organiser des sortes de prisons d'où les transportés sortiront pendant le jour pour se livrer, par petites bandes et sous la surveillance de gardiens, à des travaux à l'air libre.

Mais alors autant instituer ce régime dans le pays d'origine. Il y sera toujours supérieur à ce que l'on pourrait faire sur une terre lointaine ; il y sera mieux outillé et mieux contrôlé ; on recrutera moins difficilement un personnel de surveillance honorable ; on jugera mieux des résultats obtenus. A quoi bon ces colossales dépenses, ces frais énormes de transport, d'installation, de rapatriement, pour tenter au loin ce que l'on peut réaliser chez soi ?

C'est la conclusion à laquelle s'est arrêtée l'Angleterre. Elle a supprimé les envois de convicts en Australie ; elle a organisé le travail en plein air à l'intérieur du pays ; elle a concentré les condamnés en état de supporter de rudes fatigues à Portland, Portsmouth et Chatham. Elle a réuni ainsi les avantages du travail colonial et les économies du travail pénal. Le trésor du royaume et la santé des condamnés en ont également profité.

On comprend donc l'hésitation des législateurs français à s'engager dans une voie si peu sûre. Ils n'ont devant eux que la certitude de grands sacrifices ; le reste est incertain. La loi n'a pas même cru pouvoir préciser le régime des transportés ; elle a laissé à l'administration publique le soin de régler cette matière essentielle.

Quoi qu'il en soit, en faisant abstraction des points spéciaux, en réservant même la question du climat et en ne nous demandant pas s'il y a moyen de lutter, par exemple, contre les conditions atmosphériques de la Guyane, un fait nous paraît certain, c'est que la catégorie des transportés est mal choisie.

La loi vise la lie de la population. Les récidivistes dont elle parle n'ont plus aucun ressort moral; ils ont perdu à jamais l'habitude du travail et de l'ordre; il leur reste peut-être une certaine force physique, mais cela n'est point suffisant pour faire naître chez eux, dans un nouveau milieu social, les éléments d'une régénération. Le malfaiteur qui a fini par trouver agréable le séjour de la prison, craindra moins encore un séjour aux colonies.

Telles sont quelques-unes des raisons qui ont entraîné les adversaires de la transportation à combattre la loi et à ne pas y voir une arme suffisante contre la récidive. Dans cet ordre d'idées, l'on demande en France, comme ailleurs, des mesures plus efficaces; on se plaint de l'absence d'intimidation des courtes peines; on espère le salut de lois protectrices de l'enfance abandonnée et de la vieillesse; on croit nécessaire de venir en aide aux travailleurs incapables de gagner leur vie par suite d'accidents ou de maladies; on demande l'organisation sérieuse du patronage; enfin, l'on s'occupe avec ardeur de la réforme des prisons.

Au fond, les idées se rattachant à la transportation sont bien plus du domaine des institutions préventives que des institutions répressives, et leur forme, c'est l'*émigration.* C'est ainsi que la découverte de l'Amérique a eu une véritable action sur la criminalité.

Dans son beau livre sur l'histoire de la criminalité, Pike montre que si l'Angleterre de la fin du XVIIe et du XVIIIe siècle a été, en somme, moins turbulente, moins brutale et moins violente que l'Angleterre des siècles précédents; si l'on peut constater, à partir de ce moment, un progrès sérieux dans les mœurs, on le doit au Nouveau-Monde [1].

Des terres nouvelles permettent l'emploi d'énergies qui seraient restées inoccupées et auraient pu se tourner vers le mal; elles

[1] PIKE, tome II, pages 104 et suiv.

constituent un exutoire à l'excès des forces sociales et sont un levier fécond et puissant pour l'apaisement des passions, des appétits et des instincts. Mais, comme je l'ai déjà dit, c'est avant le crime qu'il faut user de ces influences; après, il est trop tard.

Les colonies ont donc incontestablement un rôle à prendre dans le combat contre les classes dangereuses. Les gouvernements qui ont le bonheur de posséder des colonies salubres ont un intérêt immense à y envoyer d'une façon régulière, non pas d'incorrigibles malfaiteurs, mais des travailleurs qui étouffent dans la mêlée de la civilisation et n'ont besoin que d'un peu plus d'air et de liberté. N'oublions pas que, pour peupler ses colonies, la Grèce antique choisissait l'élite de sa jeunesse. L'Europe est en ce moment engagée dans les voies de la politique coloniale. On ne peut méconnaître les avantages qu'il y a pour un État à favoriser, à subsidier et à contrôler l'émigration, à s'occuper des conditions de départ et d'arrivée des colons, à leur montrer que, s'ils partent, ils ne sont pas absolument livrés à eux-mêmes.

Un monde vieilli contient beaucoup de déclassés : l'ouvrier privé d'apprentissage sérieux, le paysan qui a témérairement abandonné le foyer domestique, l'enfant du prolétaire ayant reçu une culture intellectuelle dont il ne peut se servir, le soldat qui, après quelques années de caserne, éprouve le dégoût du métier paternel, voilà autant de combattants mal armés pour la lutte, obligés, dans des conditions défavorables, de se faire une place au soleil au milieu d'une population trop dense.

Ouvrir de nouveaux débouchés à l'activité humaine, arracher les individus à une mêlée sans issue, les lancer dans un monde où l'équilibre se rétablit entre leurs besoins et le milieu, c'est transformer souvent un vagabond en herbe en un producteur utile, et c'est combattre la criminalité mieux que par la construction des plus belles prisons.

La Belgique est, à ce point de vue, dans une situation plus spéciale encore : avec sa population trop dense et sa pléthore de producteurs, entourée de voisins puissants engagés dans la voie de la protection, elle étouffe en Europe et l'émigration s'impose à ses travailleurs, qui languissent sur le sol natal.

L'État du Congo, malgré les difficultés et

les dangers toujours inhérents aux premiers travaux, peut ainsi devenir le salut, si les hommes, assez robustes pour résister aux fatigues et aux risques du début, montrent l'énergie et l'initiative nécessaires.

CONCLUSION.

L'on rencontre malheureusement, dans l'étude de ces matières, un vice capital : la foi dans la vertu de telle ou telle mesure isolée. Une école voit la solution du problème dans le régime cellulaire, une autre dans le régime progressif, une autre encore dans le patronage, une quatrième dans la transportation, et ainsi de suite.

Aucune réforme isolée ne peut avoir d'influence appréciable. Ces institutions, comme la société elle-même, constituent un gigantesque organisme. Pour agir sur le corps social, elles doivent en refléter la puissante complexité et s'y adapter parfaitement. Des deux côtés, toutes les parties sont indissolublement liées, et une réforme ne peut être sérieuse que si elle prend les choses dans leur ensemble.

Au premier plan apparaissent les mesures préventives. Partout, en Europe comme en Amérique, s'élèvent de splendides établissements pénitentiaires, éclatant témoignage des nobles sentiments de notre siècle.

Ils prouvent que les bons s'humanisent; ils ne prouvent pas toujours que les méchants s'améliorent. Quand on songe au chiffre colossal des braves gens enlevés par les guerres, les épidémies, la misère, les accidents dans l'industrie; quand on se rappelle que les armées européennes, jadis, traînaient à leur suite les vagabonds et aujourd'hui les repoussent; quand on considère, d'autre part, le nombre des délinquants incorrigibles conservés plus ou moins longtemps dans les prisons, lancés de nouveau au milieu des hommes et ne servant qu'à augmenter le chiffre des récidivistes, on est tenté de se dire que la société réussit mieux à détruire les bons qu'à moraliser les mauvais.

C'est qu'il y a, dans ce domaine plus que dans tout autre, des dépenses productives et des dépenses improductives; les premières sont surtout les dépenses consacrées aux institutions préventives.

Organiser les syndicats professionnels, reconnaître les associations ouvrières, créer des bourses de travail, subsidier l'émigration, protéger l'enfant abandonné moralement ou matériellement, le pauvre, le mendiant d'accident, interner plus longtemps le vagabond d'habitude, venir en aide à la vieillesse, aux ouvriers malades, estropiés ou usés par le travail, multiplier les ateliers de charité, les maisons de refuge, les écoles de réforme, engager les communes à veiller sur leurs pauvres, réserver la sévérité sociale pour le vice, chercher à retenir le paysan à la campagne, tels sont les moyens de restreindre l'aire de dispersion de la criminalité et de refouler celle-ci, comme la civilisation refoule aux limites des terres nouvelles les peuplades sauvages. Et il faut ajouter que l'argent ainsi dépensé, la société l'économisera sur la répression.

Beaucoup d'esprits réagissent contre ce qu'ils appellent la sentimentalité maladive de notre temps à l'égard des délinquants (1). Ne nous plaignons pas d'éprouver de la pitié pour ceux qui tombent. Plaignons-nous seulement de ce que la pitié se manifeste trop tard. Les trésors d'inutile compassion que la société prodigue après la chute, elle devrait les prodiguer avant. Alors, au lieu de sentir parfois notre impuissance et de nous mettre à douter de l'utilité de

(1) Voir le discours du prince de Bismarck pour le maintien de la peine de mort, du 1er mai 1870. *Discours*, vol. II, p. 363.

nos efforts, nous sentirions, au contraire, que nous contribuons au relèvement de nos semblables, nous verrions que, si la théorie de l'amélioration du criminel est quelquefois un rêve, la loi de la solidarité est la plus féconde des réalités.

Au second plan viennent les rouages judiciaires. Ils sont utiles, à leur tour, quand la justice exerce avec cœur et intelligence sa haute fonction sociale et entrevoit quelle mission souveraine elle assume dans la distribution des peines. Qu'elle distingue le délinquant de profession et le délinquant d'accident, qu'elle acquitte en cas de première faute légère, qu'elle fasse intervenir plus fréquemment les peines pécuniaires, l'amende, la caution, qu'elle diminue le rôle de la prison; qu'elle applique plus rigoureusement le principe de l'aggravation progressive de la pénalité en cas de réitération des mêmes délits; qu'elle s'applique, enfin, à voir le vrai danger social bien plus dans l'instinct vicieux incorrigible que dans les emportements irréfléchis d'une âme dont les tendances peuvent être droites, et elle verra, à son tour, son influence s'accroître.

Les institutions pénitentiaires arrivent au

troisième rang dans la lutte contre la criminalité. Si elles ne veulent pas rester dans le domaine de la théorie, elles doivent distinguer les catégories de délinquants et s'appliquer à traiter différemment les rebelles et les corrigibles.

En ce qui concerne ceux-ci, la base est le régime cellulaire; après un isolement d'une certaine durée, et pour ceux qui semblent offrir des chances de régénération, le régime progressif avec le système des marques, le triage méthodique des condamnés, les travaux en plein air, la libération conditionnelle et la réhabilitation comme couronnement.

En ce qui concerne les autres, le résidu des classes criminelles, réfractaire à toute action sociale, qu'il y ait pour eux des sortes d'asiles d'incurables, où, sans luxe inutile, sans sacrifices superflus, sous une surveillance rigoureuse, la société se protège tout en les protégeant contre eux-mêmes.

www.ingramcontent.com/pod-product-compliance
Ingram Content Group UK Ltd.
Pitfield, Milton Keynes, MK11 3LW, UK
UKHW021053230726
13926UKWH00004B/1826

9 782014 079050